A VIAGEM DA SABEDORIA

ANDY ANDREWS

A VIAGEM DA SABEDORIA

UMA HISTÓRIA SOBRE AS SETE DECISÕES FUNDAMENTAIS DA VIDA

SEXTANTE

Título original: *The Traveler's Gift*

tradução
Fabiano Morais
preparo de originais
Regina da Veiga Pereira
revisão
Sônia Peçanha
Tereza da Rocha
Sérgio Bellinello Soares
diagramação
ô de casa
capa
Raul Fernandes
pré-impressão
ô de casa
impressão e acabamento
Bartira Gráfica e Editora S/A.

CIP-BRASIL. CATALOGAÇÃO-NA-FONTE
SINDICATO NACIONAL DOS EDITORES DE LIVROS, RJ

A581v

Andrews, Andy, 1959-
A viagem da sabedoria / Andy Andrews [tradução de Fabiano Morais]. – Rio de Janeiro: Sextante, 2007.

Tradução de: The traveler's gift
ISBN 978-85-7542-324-0

1. Espiritualidade. 2. Conduta. I. Título.

CDD: 291.4
07-2364 CDU: 291.4

Rua Voluntários da Pátria, 45 – Gr. 1.404 – Botafogo
22270-000 – Rio de Janeiro – RJ
Tel.: (21) 2286-9944 – Fax: (21) 2286-9244
E-mail: atendimento@esextante.com.br
www.sextante.com.br

Dedicado a Robert D. Smith, um campeão –
e fonte de inspiração para este livro.

Nos grandes feitos, algo subsiste. Nos grandes espaços, algo permanece. Formas mudam e passam, corpos desaparecem, mas os espíritos ficam para consagrar o solo que servirá de morada à visão da alma. E homens reverentes, e mulheres vindas de longe, e gerações que não nos conhecem e não nos conhecerão um dia chegarão até aqui para pensar e sonhar. E o poder da visão passará para suas almas.

– Joshua Lawrence Chamberlain, 1828-1914

Um

Os faróis deslizaram pelo muro à medida que o táxi ia embora. David Ponder ficou sozinho no gramado da frente olhando para a casa em que ele e a esposa, Ellen, moravam havia mais de 20 anos. David se agachou na grama. A náusea tomou conta dele enquanto o pânico lhe invadia a alma. Não foi um ataque rápido, devastador. Era como uma serpente subindo pela sua coluna e enrolando-se no seu pescoço, uma certeza que se instalava lentamente de que a vida, como ele a conhecia, chegara ao fim. Tinha 46 anos. Estava desempregado. Sem dinheiro. Sem motivo para viver.

Logo depois, David parou na porta do quarto da filha. Fazia literalmente um mês que não a via acordada. Nos últimos tempos, vinha trabalhando freneticamente. Em uma tentativa desesperada de evitar que a empresa em que trabalhava fosse comprada, era comum ele sair antes de o dia nascer e só voltar depois de a família ter ido dormir. Nas últimas semanas, muitas vezes nem tinha voltado para casa.

David colocou a maleta com cuidado ao lado da cômoda e foi em direção à cama. A respiração da sua filha única soava alto no silêncio do quarto. Ajoelhando-se, David alisou o cabelo dela. Era tão macio. A luz do abajur da Cinderela que a filha adorava desde o momento em que o ganhou no quarto Natal de sua vida banhava-lhe o rosto com uma luz angelical. Jennifer Christine Ponder.

– Minha pequena Jenny – ele murmurou.

David se lembrava do exato instante em que ela nasceu... fazia 12 anos naquela noite. Olhou para o relógio na mesa-de-cabeceira: 2h18. *O.k.*, lamentou, *então fez 12 anos ontem.* Uma lágrima rolou pelo seu rosto.

– David? – Era Ellen. Ela entrou no quarto e tocou-lhe o ombro. – Achei que tinha ouvido você chegar. Está tudo bem?

David ergueu os olhos para o rosto da mulher. O cabelo dela se desarrumara durante o sono e não havia maquiagem em seu rosto. Usava uma blusa branca grande que contrastava com o cabelo negro. Os olhos estavam sonolentos, mas ele a achava tão bonita quanto no dia em que se conheceram, 25 anos antes.

Ellen se ajoelhou ao lado do marido. Afastou o cabelo dele de cima da testa com os dedos.

– David – repetiu –, está tudo bem?

Ele colocou a mão dela entre as dele, levou-a aos lábios e disse simplesmente:

– Não.

❀

Às cinco da manhã, Ellen dormia de lado, com a cabeça no peito de David. Ele estava deitado de costas, imaginando como sua mulher conseguia dormir. Achava que nunca mais iria conseguir. Ficara quase duas horas contando a Ellen tudo o que tinha acontecido naquela noite.

No fim da tarde, David e uma equipe de funcionários foram para a sala de reuniões da diretoria. Às cinco, começara a dar telefonemas, implorando o apoio dos acionistas. Era uma tentativa desesperada de impedir a compra da empresa por um conglomerado predatório. O último aviso chegou a eles pouco depois da meia-noite. Apesar de todos os esforços – lágrimas, pedidos, preces e xingamentos –, o negócio tinha sido fechado. Todos os membros da diretoria e supervisores foram demitidos imediatamente.

Um segurança entrou no escritório de David menos de 15 minutos após a ligação e se ofereceu para ajudá-lo a tirar as coisas da mesa. Em menos de uma hora, David estava na guarita próximo à entrada da firma esperando um táxi. Depois de 23 anos de serviço, pediram que David devolvesse as chaves do seu escritório, da academia e do carro da empresa.

Acordado na cama, David começou a pensar sobre sua vida. Ele e Ellen tinham se conhecido no dia da formatura dos dois na Universidade Estadual de Iowa. David se formara em administração e estava decidido a trabalhar para uma daquelas empresas da *Fortune 500*, enquanto Ellen se formara em pedagogia e queria lecionar. Namoraram por dois anos. As pessoas sempre perguntavam se eles eram irmãos. A única diferença era a altura de David. Com 1,88m, ele era mais alto do que ela, mas os dois tinham os mesmos cabelos pretos, olhos castanhos e corpo esguio.

Teriam se casado mais cedo não fosse pela insistência de David em encontrar antes um emprego dentro da sua área. Ele trabalhou provisoriamente na loja de sapatos do pai enquanto mandava currículos para todo o país. Ellen já trabalhava como professora da quinta série havia quase um ano quando David conseguiu um estágio na área de administração em uma empresa de produtos químicos em Dallas. Casaram-se quase imediatamente.

David mergulhou no trabalho. Sentia que arranjara um emprego que lhe permitiria garantir o futuro da família. Ellen gostava de dar aulas e lecionou até Jenny nascer. Financeiramente, a família passou por alguns apertos contando apenas com o salário de David, mas era um sacrifício que estavam dispostos a fazer para que a filha tivesse sempre um dos pais em casa.

– Ellen – disse David apertando o braço dela.

– O que foi, querido? – ela balbuciou.

– Jenny está chateada comigo?

– O quê? – perguntou Ellen.

– Jenny está zangada comigo porque eu perdi o aniversário dela?

Ellen enlaçou David com os braços.

– Não, querido. Jenny está bem.

– *Eu* fiquei muito chateado, sabe... querida... Ellen?

David suspirou. Ellen pegara no sono de novo. O mundo podia estar acabando, mas nada abalava o sono de Ellen. Nunca entendeu como a mulher conseguia. Ela costumava rir, dizendo que sabia que ele sempre cuidaria dela. *Se isso é verdade*, pensou David, *como pode estar dormindo agora? Não é óbvio que eu falhei terrivelmente nesse departamento?*

Com os olhos fixos na escuridão, David se lembrou de estar andando em uma praia iluminada pelo luar na ilha de St. John. A lua-de-mel no Caribe fora presente dos pais dela. O pai de Ellen era dono de uma empresa do ramo de gramados e insistira em que seria uma honra gastar as economias oferecendo um começo especial para o casamento da filha. E foi especial mesmo. Eles caminharam pela praia e conversaram durante horas. David recordou que, num determinado momento, pegara o rosto de Ellen nas mãos e dissera: "Prometo dar tudo a você." Ela não riu. Sabia que ele estava falando sério.

Por mais de 10 anos o casal rezou pedindo um filho, e, quando Jenny nasceu, a vida parecia completa. David dedicou toda a sua energia e concentração a oferecer um lar e uma qualidade de vida em que a família pudesse prosperar. Porém, apesar de garantir o sustento, o trabalho não parecia oferecer uma vida. Como David certa vez falara para um amigo:

– Trabalho tanto para que possamos morar onde queremos, mas não tenho tempo de usufruir a minha casa.

Com o passar dos anos, as economias da família foram lentamente se esgotando. O negócio de computação que David montara com um antigo colega da faculdade faliu depois de dois anos, e os juros altos acabaram com os investimentos imobiliários. Conseqüentemente, a poupança para a faculdade que começara quando Jenny nasceu foi gasta com o aparelho nos dentes dela seis meses antes. David não conseguiu se lembrar se o dinheiro que pagara ao dentista cobria todo o tratamento. *Engraçado o que se pensa numa hora dessas*, ele refletiu. *Se eu não tiver pago a retirada do aparelho, Jenny vai ter que usá-lo até os 30.*

A mente de David voltou para a praia na ilha de St. John. "Prometo dar tudo a você", ele dissera. Sentiu a bile subir até a garganta. Olhou para Ellen, que ainda dormia serenamente ao seu lado. *Prometi dar tudo a você*, pensou, *e não dei nada*. David saiu correndo da cama, foi tropeçando até o banheiro e vomitou.

Por volta das sete, Ellen acordou. Colocou o roupão e as sandálias e foi até a cozinha, onde encontrou o marido sentado à mesa do café. Achou estranho vê-lo de calça jeans e camiseta. Havia anos David era o primeiro a acordar e àquela hora sempre estava pronto para sair, de terno e gravata. Era óbvio para Ellen que ele não tinha conseguido dormir.

– Bom dia, querido – ela disse.

– Jenny ainda não acordou – David falou. – O café está pronto.

Ellen olhou para o marido por um instante.

– David, tudo vai ficar bem. – Ele virou o rosto e olhou pela janela para o jardim. – David – ela repetiu –, vai dar tudo certo. Já passamos por períodos difíceis antes.

– Eu tenho 46 anos, Ellen – ele disse. – Executivos de 46 anos só conseguem emprego no McDonald's. Temos que pagar a segunda hipoteca desta casa. O seu carro não está pago e eu já não tenho mais carro. Não vou receber indenização da empresa porque abri mão do acordo que me ofereceram no ano passado. Não temos dinheiro e não sei a quem pedir emprestado. Isso é muito mais do que um período difícil, e nós *nunca* passamos por isso antes.

– Então o que vamos fazer? – perguntou Ellen.

– Não sei – respondeu David. – Não faço a menor idéia.

Dois

Sete meses depois, David se sentia um derrotado. O plano de saúde do seu emprego anterior vencera e o trabalho de meio expediente que arranjara em uma loja de ferragens pagava pouco mais que um salário mínimo. Ellen ganhava mais do que ele. Ela colocara anúncios escritos à mão em murais pela cidade inteira e estava trabalhando como faxineira cinco vezes por semana. David passara meses procurando emprego todos os dias. A interminável avalanche de recusas o deixava confuso. *Pelo menos estou progredindo*, ele repetia para si mesmo. *As coisas não podem piorar*. Mas pioraram.

Aquele dia nascera frio e cruel. Era um exemplo de tudo o que David detestava no inverno. O céu estava da cor de água suja e a temperatura abaixo de zero, trazida por um vento irritante, cortava a pele de David como mil facas. Entrando com dificuldade no carro usado que comprara com um empréstimo do pai, David xingou o mundo todo.

O carro era um lembrete constante do seu fracasso. Vira o anúncio em um jornal e pagara a um rapaz nove mil dólares pelo que esperava ser um meio de transporte temporário. Era um Dodge Colt de duas portas, de um prateado gasto, exceto pelo pára-lama esquerdo, que era preto. As luzes do freio queimaram 10 minutos depois de David efetuar a compra e o aquecimento não funcionou desde o início.

Tremendo enquanto dirigia até o trabalho, David sentia a mente tão entorpecida quanto o corpo. Ellen passara a noite inteira acordada com Jenny. A filha estava com febre e com a garganta inflamada havia três dias, e a falta de sono deixava os três mal. Mas era a quinta ou sexta vez que Jenny ficava doente naquele inverno. David perdera a conta.

Quando saiu do chuveiro naquela manhã, escutou Ellen ao telefone.

– Quem era? – perguntou David.

– Era do consultório do Dr. Reed, David – ela disse. – Tenho que levar Jenny até lá para ver o que ela tem. O Tylenol não está dando conta.

– Que tipo de pai sou eu? – David falou em voz alta, saindo do devaneio, enquanto estacionava o carro em uma vaga atrás da loja de ferragens Marshall. – Que tipo de *pessoa* sou eu? O que está acontecendo comigo?

Quando Ellen mencionou o médico, ele explodiu. De onde ela pensava que ia sair aquele dinheiro, gritou, e, obviamente, ela gritou de volta que roubaria se fosse necessário. Era a filha deles, ela esbravejou. Isso não tinha mais importância para ele? Antes de sair, David passou pelo quarto de Jenny para lhe dar um beijo de despedida. Lágrimas grossas desciam pelo rosto da menina. Jenny ouvira tudo.

Por volta das 10 horas daquela manhã, ele transportava ripas de madeira para uma camionete em frente à loja. Sentia-se grato pela atividade. As ripas eram pesadas e serviam de válvula de escape para toda a sua raiva.

– Ponder! – alguém gritou. David ergueu os olhos. Era o dono da loja, o Sr. Marshall. Um velho alto e magricela com cabelos brancos encaracolados e nariz vermelho. Estava encostado na porta dos fundos, monitorando David. – Telefone – falou com rispidez, enquanto David passava por ele, entrando no calor da loja. – É a sua mulher. Não demore. Já avisei sobre essas ligações particulares.

– Ellen – falou David ao pegar o fone. – Onde você está?

– Em casa – ela respondeu. – Acabamos de voltar do médico.

– O que ele disse?

– David, são as amígdalas. – Ellen fez uma pausa. – Querido, o Dr. Reed falou que vai ter que retirá-las. Disse que é preciso fazer isso logo.

– Ponder!

David olhou em volta. Era o Sr. Marshall.

– Vamos logo com isso, rapaz – disse ele. – Tem um motorista esperando.

– David? Você está ouvindo? – Ellen perguntou do outro lado.

– Sim. Sim, estou ouvindo. Ellen, nós não temos plano de saúde.

– Eu já procurei saber – ela respondeu. – A operação, incluindo o hospital, vai custar só 1.100 dólares.

David ficou chocado.

– Nós não temos 1.100 dólares – ele disse.

– Podemos pagar com o cartão de crédito.

– Ei, Ponder. Não vou repetir. Largue o telefone – avisou o dono da loja.

David colocou a mão sobre o ouvido, tentando se concentrar na conversa com a esposa.

– Ellen, todos os cartões estão estourados.

Ellen começou a chorar.

– Então vamos ter que fazer um empréstimo, David. Jenny está doente.

– Eu sei que Jenny está doente, querida, mas não podemos pegar empréstimo nenhum. Não pagamos a prestação da casa no mês passado e a do seu carro está dois meses atrasada. Os bancos vão querer distância da gente. Meus pais não têm dinheiro para emprestar, e Deus sabe que os seus também não. Eles mal conseguem se sustentar com o negócio do seu pai.

Ellen chorava tanto que quase não conseguia falar.

– Oh, David. O que nós vamos fazer?

– Não se preocupe – disse ele. – Vou dar um jeito de arranjar o dinheiro. Talvez possa fazer hora extra aqui. Ou talvez consiga um adiantamento. Vou conseguir o dinheiro. – Como Ellen continuava chorando, David pediu: – Querida, por favor, acalme-se. Tenho que desligar. Vou dar um jeito, prometo. Eu te amo. – E desligou o telefone.

Ao se virar para sair de trás do balcão, David ficou cara a cara com o Sr. Marshall.

– Desculpe... – ele começou a falar, mas o velho o cortou.

– No seu próximo emprego, é melhor prestar atenção às regras – disse Marshall.

David não entendeu.

– Como assim? – perguntou.

– Pode vir pegar seu cheque na sexta. Estou dispensando você.

– Eu... eu estou despedido? – gaguejou David. – Estou despedido porque usei o telefone? – Marshall ficou parado com os braços cruzados. – Minha filha está doente. – O velho continuou quieto. David não conseguia acreditar. Apontou para o telefone. – Foi minha mulher quem ligou porque a minha filha está doente. – Fez uma pausa e repetiu, desta vez quase sussurrando. – Minha filha está doente. – Erguendo e baixando as mãos em um gesto desamparado e balançando a cabeça, David virou-se e saiu lentamente pela porta.

Chegando ao carro, David tateou em busca das chaves e riu. Imaginou por um instante uma cena em que o carro não pegava. "Sr. Marshall", ele se viu dizendo, "meu carro não quer pegar. Posso usar o seu telefone?" Girando a chave na ignição, David riu mais uma vez, enquanto o carro ligava ruidosamente.

É óbvio, ele pensou, *que estou rindo porque estou tendo um ataque de nervos.* Enquanto saía do estacionamento da loja de ferragens, refletiu: *Se consigo reconhecer a loucura, devo estar bem.* Riu de novo. Continuou rindo, até chorar.

Na estrada, David passou pela saída que dava para sua casa. O trânsito estava bom e eram apenas 11h15. Não havia motivo para ir para casa compartilhar a grande notícia com Ellen àquela hora. *Ellen não merece isso*, David pensou. *E Jenny certamente não escolheu o pai que tem. Há um ano eu estava no topo do mundo e agora nem consigo sustentar minha família.*

David parou no acostamento. Baixando a cabeça, juntou as mãos.

– Oh, meu Deus – ele disse em voz alta. – Oh, meu Deus. – Parou e ficou em silêncio por quase um minuto. – Oh, meu Deus – recomeçou.

Depois de outro minuto, voltou a dar partida no motor do carro e retornou à estrada. *Não consigo nem rezar*, pensou.

Impulsivamente, David pegou a saída para Grayton. A mais de 60 quilômetros de casa, ele não estava indo para nenhum lugar em especial. *Igual à minha vida, indo para nenhum lugar em especial. Eu não costumava achar que tinha um objetivo? Não estava construindo alguma coisa?*

Olhou para o velocímetro. Marcava 112 quilômetros por hora. Não havia outros veículos à vista. Pisou um pouco mais no acelerador: 128... 136. À medida que voava pelas subidas e curvas, David esqueceu a velocidade: 144 quilômetros por hora. Ellen ainda era jovem. Era linda. Poderia encontrar outra pessoa para cuidar melhor dela e de Jenny. *Ainda tenho o seguro de vida*, ele pensou. *Será que elas não ficariam melhor sem mim? Será que todo o mundo não ficaria melhor sem mim?*

Sem pensar em mais nada, David enfiou o pé no acelerador, forçando-o contra o piso. O carrinho gritou enquanto ele agarrava o volante, tentando fugir da própria vida. Com lágrimas descendo pelo rosto, David baixou o vidro e pegou uma reta. O vento gelado pareceu clarear suas idéias.

– Por que estou aqui? – David falou em voz alta. – Por que isso... por que tudo isso está acontecendo comigo? – Bateu com a mão no volante, tirou o pé do acelerador por um instante e o afundou no chão novamente. – Por que... eu? – gritou. – Por que eu?

Naquele segundo, o momento de desespero de David coincidiu com uma ponte coberta de gelo. A camada congelada fez o carro perder a direção. Com os pneus cantando, o carro atravessou a ponte, ricocheteou no acostamento e voltou à estrada. David tentou desesperadamente retomar o controle, enquanto o carro derrapava de um lado para outro, dando por fim uma guinada para fora da pista.

Muitas pessoas, quando enfrentam uma situação de vida ou morte, dizem que o passado se descortina diante de seus olhos. Os momentos da infância, da adolescência e de todos os anos de vida passam em uma fração de segundo. Nesse instante, alguns sentem remorso, enquanto outros aceitam o inevitável e são invadidos por uma grande tranqüilidade. David Ponder trazia apenas perguntas no coração enquanto seu carro derrapava na direção de um pinheiro gigante. Em seu último momento de consciência, David tirou as mãos do volante e as ergueu fechadas para o céu.

– Por favor, meu Deus! – ele gritou. – Por que eu?

E então... nada.

Três

– Por favor, saia do chão e sente-se nesta cadeira.

David abriu os olhos e encarou o homem que lhe parecia vagamente familiar. Era um senhor de baixa estatura e mais velho, com o cabelo quase branco, curto e bem penteado, em contraste com as roupas um pouco desalinhadas. As mangas da camisa estavam enroladas até os cotovelos, e a gravata de listras vermelhas e brancas pendia frouxa. Sobre o nariz anguloso havia óculos redondos com lentes grossas o bastante para tornarem enormes seus olhos azul-claros.

– Essa é uma hora muito inconveniente para mim – disse o homem. – Sente-se ali e fique quietinho. – Virando-se depressa, ele andou em direção a uma enorme mesa artesanal. Sentou-se atrás dela e apanhou uma pilha de papéis, resmungando: – Como se eu já não tivesse coisas demais para fazer.

Confuso, David olhou em volta. Estava sentado sobre um grande tapete persa, recostado contra a parede de uma sala pomposa e de pé-direito alto. À sua esquerda estava a cadeira de mogno de espaldar duro que tinha sido apontada pelo homem que agora separava papéis com atenção. À direita havia um globo em um pedestal diante de uma lareira apagada.

Levantando-se e sentando na cadeira, David disse:

– Estou com sede.

Sem erguer os olhos, o homem respondeu:

– Já vou pegar algo para você beber. Por enquanto, por favor, fique quieto.

– Onde estou? – perguntou David.

– Veja bem – o homem praguejou, atirando a pilha de papéis na mesa e apontando um dedo para David. – Pedi com educação para você ficar quieto e espero que obedeça. Você está na Alemanha, em Potsdam, um subúrbio de Berlim, em uma zona livre controlada atualmente pelo Exército Vermelho. Hoje é quinta-feira, 24 de julho de 1945. – Respirando fundo e aparentemente mais calmo, voltou ao trabalho. Enquanto separava os papéis, disse: – Pronto, agora fique sentado e pense um pouco sobre isso.

David franziu o cenho. *Devo estar em um hospital*, pensou. *Que lugar sinistro. E, se esse cara for meu médico, isso lá é jeito de tratar os pacientes?* Sentado, completamente imóvel, tentando se recompor, David observou o homem à mesa. *Que história é essa de estar na Alemanha?*, refletiu. *E como assim, Exército Vermelho? Devo ter machucado a cabeça. Será que isso é um tipo de exame psiquiátrico?*

Puxou a gola da camisa azul-escura. Sentindo um calor desconfortável, David viu um jarro d'água e alguns copos em uma pequena mesa próximo à janela do outro lado da sala. Levantou-se e andou lentamente em direção à mesa. Com o canto do olho, viu o homem atrás da mesa erguer os olhos, fechar a cara e voltar ao trabalho.

Sem fazer barulho, David se serviu de um copo d'água e, enquanto bebia, olhou pela janela. Estava obviamente em uma sala no segundo andar daquele prédio, casa ou o que fosse. Abaixo dele, a menos de 15 metros de distância, havia a margem de um rio que corria devagar. Não via barcos nem crianças brincando – na verdade, não via ninguém.

– Tem alguma coisa errada aqui – murmurou David enquanto a brisa batia no seu rosto e balançava as cortinas ao seu lado.

Esticando o braço para fora da janela, David espantou-se ao descobrir que o ar estava quente e úmido. Então percebeu o que o incomodava. Era o próprio ar. Ele estava *quente*. Todas as árvores estavam cobertas de folhas e a grama no quintal abaixo era verde. Em pleno inverno?

Pousando o copo na mesa, David colocou as mãos no peitoril e projetou toda a parte de cima do corpo pela abertura da janela. Sim, estava quente, ele constatou, e voltou para dentro. *Que tipo de lugar é esse?*, ponderou. *Para começo de conversa, por que as janelas estão abertas? Com um calor desses, o ar-condicionado deveria estar no máximo.*

Ao voltar para a cadeira, David olhou ao redor, procurando um termostato. Não conseguiu achar nenhum. O único aparelho controlador de temperatura era um climatizador velho que alguém tinha colocado na lareira. *Aquele climatizador não deve servir para nada*, pensou. *É tão velho, parece que foi feito em...* David interrompeu o pensamento na metade. Acrescentou baixinho: *...1945.*

Virando-se bruscamente, David encarou o homem atrás da mesa. O senhor de cabelos brancos ergueu os olhos e empurrou devagar o trabalho para o lado. Com um pequeno sorriso nos lábios finos, recostou-se na cadeira, cruzou os braços e olhou com curiosidade para David.

A mente de David trabalhava furiosamente. *Potsdam... Potsdam...*, ele pensava. *Por que esse nome me é tão familiar?* Então, a lembrança veio como um raio. Ele tinha visto em um documentário na tevê. Potsdam, na Alemanha, fora o local da famosa conferência em que se decidiu jogar a bomba atômica no Japão durante a Segunda Guerra Mundial.

Um arrepio atravessou o corpo de David à medida que ele colocava as mãos na cabeça. *Pense, pense*, ordenou a si mesmo. *Quem estava naquela conferência em Potsdam? Churchill, Stalin e...* Todo o ar pareceu sair dos pulmões de David de uma só vez, enquanto ele tateava em busca da cadeira às suas costas. Sentando-se pesadamente, olhou para o homem à sua frente.

– O senhor é Harry Truman – disse, chocado.

– Sim – afirmou o homem. – Sou eu. Embora neste momento desse tudo para ser outra pessoa qualquer.

Engolindo em seco, David falou:

– Eles chamam o senhor de "Harry Mande-os Para o Inferno".

Truman fez uma careta.

– Não mando ninguém para o inferno – disse rindo. – Só digo a verdade e eles acham que estou falando do inferno.

Tirando os óculos, esfregou os olhos e disse:

– Já sei que você não vai me dar mais sossego, então é melhor continuarmos a conversa. – Colocando os óculos de volta, levantou-se e saiu de trás da mesa. – Por falar nisso – acrescentou –, por que *não* você?

– O quê? – perguntou David.

– Por que... não... você? – olhando bem nos olhos de David, ele pronunciou as palavras com cuidado, separando-as como se falasse com uma criança. – Creio que esta seja a resposta para a pergunta que você fez antes de chegar.

David franziu o cenho. Tentando se lembrar, falou:

– Acho que eu sofri um acidente.

– Sim – disse Truman –, às vezes é assim que acontece. E a última pergunta que a pessoa faz é geralmente "Por que eu?". É claro que "Por que eu?" é uma pergunta que grandes homens e mulheres vêm fazendo a si mesmos desde o início dos tempos. Essa pergunta me veio à mente mais de uma vez durante os últimos dias. É difícil para mim acreditar que há 25 anos eu era balconista em uma loja de roupas! – Truman estendeu a mão e ajudou David a se levantar. – Qual é o seu nome, filho?

– David Ponder. Eu estou bem?

– Bom, David Ponder, se você quer dizer "Estou morto?", a resposta é não. Se quiser dizer apenas "Estou bem?" – Truman deu de ombros –, não sei responder. Nunca me informaram como essas coisas acontecem.

De repente David relaxou. Sorrindo, disse:

– Entendi. Estou sonhando, certo?

– Talvez esteja – respondeu o presidente –, mas eu não estou. E, mesmo que esteja sonhando, isso não é problema. Durante séculos os sonhos têm sido usados para transmitir instruções e conselhos a determinadas pessoas, grandes homens e mulheres. Deus usou sonhos ao preparar José do Egito para tornar-se um líder de nações. Ofereceu planos de batalha a Gideão em sonho. Joana d'Arc, Jacó, George Washington, Marie Curie e o apóstolo Paulo foram todos guiados por sonhos.

– Mas eu sou um cara comum – disse David. – Não tenho nada a ver com as pessoas que você mencionou, muito menos com o apóstolo Paulo. Nem tenho mais certeza se acredito em Deus.

Truman sorriu enquanto colocava a mão no ombro de David.

– Tudo bem, filho – falou. – Mas ele acredita em você.

– Como pode ter certeza disso? – perguntou David.

– Porque – respondeu Truman – você não estaria aqui se Ele não existisse. Às vezes, uma pessoa é escolhida para viajar através de eras para colher sabedoria e levá-la até as futuras gerações. É como se o Todo-Poderoso literalmente colocasse a mão Dele no ombro de alguém e, neste caso – o presidente olhou por sobre os óculos –, o ombro escolhido foi o *seu*.

Uma batida forte na porta chamou a atenção dos dois. Sem esperar por resposta, um homem espadaúdo e atarracado entrou a passos largos na sala. Era Fred Canfil, o guarda-costas especial de Truman. Ex-agente federal de Kansas City, Fred estava temporariamente ligado ao Serviço Secreto e se tornara o favorito do presidente e da sua família.

– Desculpe por entrar sem pedir licença, senhor – ele disse enquanto corria os olhos pela sala. – Achei que tinha ouvido o senhor falando com alguém.

– Não, Fred – disse Truman, olhando diretamente para David –, não há ninguém aqui. – E então, apontando para a porta, falou: – Não deixe ninguém me incomodar.

– Claro, Sr. Presidente – disse Canfil enquanto voltava de costas lentamente, com uma expressão preocupada. Ainda olhando ao redor, acrescentou: – Vou acompanhá-lo até a sala de conferências dentro de uma hora, mas se o senhor precisar de mim antes...

– Já sei, você estará logo atrás da porta – disse Truman conduzindo o amigo confuso para fora da sala – e eu não hesitarei em chamá-lo. Obrigado, Fred.

Enquanto o presidente fechava a porta, David perguntou:

– Ele não consegue me ver?

– Pelo jeito, ninguém consegue – respondeu Truman. – Quer dizer, apenas a pessoa que você veio visitar. É claro que isso faz com que eu pareça meio doido – ele sorriu –, aqui, sem ninguém por perto, falando sozinho. – O sorriso se apagou e ele prosseguiu. – Mas acredito que ninguém acharia estranho. Tenho motivos de sobra para falar sozinho com tudo o que está acontecendo aqui. – Truman entortou a cabeça e olhou de soslaio para David. – É curioso como vocês sempre aparecem nos momentos cruciais da *minha* vida.

– Então isso já aconteceu com o senhor antes? – perguntou David.

– Sim – respondeu Truman –, esta é a terceira vez desde que me tornei presidente. A primeira vez foi na noite em que Roosevelt morreu. Eu estava sozinho no Salão Oval e um garoto surgiu do nada. Fred irrompeu porta adentro e eu quase tive um enfarte. Era estranho que só eu conseguisse vê-lo.

– O garoto?

– É, o garoto. – Truman fez uma pausa. – Eu o chamo de garoto, mas na verdade era um adolescente. Estava em dúvida se devia ou não terminar a faculdade.

David não conseguia acreditar.

– Isso não parece um problema que mereça a atenção do presidente.

– Por que você está aqui? – perguntou Truman.

– Não sei.

– Bem – disse o presidente enquanto cruzava a sala –, pelo menos o garoto tinha uma pergunta. – Recostando-se na mesa, fez um gesto para que David se sentasse na cadeira perto do globo. – De qualquer forma, estavam pressionando bastante o garoto para que ele continuasse na faculdade.

– O que o senhor o mandou fazer? – perguntou David.

– Não o mandei fazer nada – respondeu Truman. – Meu papel não é esse. Eu ajudo a refletir. A decisão final depende da escolha de cada um – prosseguiu o presidente. – Eu era a segunda pessoa que ele estava visitando. Tinha acabado de passar cerca de uma hora com Albert Einstein.

David se empertigou desconfortavelmente na cadeira.

– *Eu* vou para algum lugar depois daqui?

– Sim, vai – disse Truman. – Na verdade, para vários outros lugares, mas não se preocupe. Eles estarão esperando por você.

– Então o senhor sabia que eu vinha?

– Como você pode imaginar, fui informado em um sonho, na noite passada. – Dando a volta para trás da mesa, Truman abriu a primeira gaveta da direita. Retirou de dentro dela um pedaço de papel dobrado e o entregou a David dizendo: – Pediram-me que preparasse isto e entregasse a você. Este é o motivo essencial da sua presença. É uma das Decisões de Sucesso. É a primeira de sete que irá receber. Você deve guardá-la e lê-la duas vezes por dia até que esteja gravada no seu coração. Pois somente depois de gravar este princípio em seu coração poderá dividir o valor dele com as outras pessoas.

David começou a desdobrar a folha.

– Não, não – disse o presidente pousando a mão sobre a de David. – Não leia agora. Você precisa esperar o fim do nosso encontro. Assim que ler essas palavras, viajará imediatamente para o seu próximo destino. É impressionante. Você lê a última palavra e... *zap!*, desaparece.

David esticou o braço e tocou o globo, girando-o inconscientemente até aparecerem os Estados Unidos.

– O senhor sabe o meu futuro? – perguntou.

– Não – disse Truman. – Não posso ajudar você nesse ponto. E não ajudaria se pudesse. Seu futuro será moldado por suas decisões. Mas acho que você provavelmente pode dizer qual é o meu. – Quando David abriu a boca para falar, o presidente ergueu as mãos como se quisesse afastar as palavras. – Não, obrigado. Deus sabe a carga que tenho de suportar sem que você me conte o que eu já fiz.

– O senhor diz que o meu futuro será moldado pelas minhas decisões – arriscou David. – Não sei se concordo com isso. Com certeza, o que me aconteceu no presente não foi por culpa minha. Trabalhei anos a fio e acabei sem emprego, sem dinheiro e sem perspectiva.

– David, todos estamos em situações que nós mesmos escolhemos. Nossa maneira de pensar cria os caminhos para o sucesso ou o fracasso. Quando negamos a responsabilidade pelo nosso presente, destruímos a possibilidade do futuro excelente que poderíamos ter.

– Não entendo – disse David.

– Estou dizendo que as influências externas não são responsáveis pelo seu estado mental, físico, espiritual ou financeiro. Você escolheu o caminho para o seu destino atual. A responsabilidade pela situação em que se encontra é sua.

David se levantou.

– Não é verdade – gritou, possesso. – Fiz um bom trabalho na empresa. Poderia ter me aposentado mais cedo, mas fiquei. Fiquei para ajudar a companhia a continuar auto-suficiente e fui despedido. Não foi... culpa... minha!

– Sente-se – disse Truman com brandura. Arrastando uma cadeira para ficar de frente para David, que tremia de raiva e perplexidade, disse: – Veja bem, filho. Não estou aqui para perturbá-lo, mas, como temos pouco tempo juntos, acho melhor lhe dizer a verdade.

Colocando os cotovelos nos joelhos, o presidente se inclinou para a frente e inspirou fundo.

– Ouça-me agora. Você está aqui por causa da sua maneira de pensar. Sua maneira de pensar dita as suas decisões. Decisões são escolhas. Há alguns anos, você decidiu para qual faculdade queria entrar. Escolheu a sua área de estudos. Quando se formou, escolheu as empresas para as quais mandaria seu currículo. Depois de ser entrevistado nas empresas que deram retorno, escolheu aquela em que iria trabalhar. Em algum momento desse período, escolheu ir a uma festa, a uma peça ou a um jogo de beisebol. Lá, conheceu a garota com quem escolheu casar. Juntos, vocês escolheram ter uma família e qual seria o tamanho dela. Quando escolheu a casa em que iriam viver e os carros que iriam dirigir, escolheram qual seria a despesa mensal. Ao escolherem comer contrafilé ou cachorro-quente, escolheram o padrão de gastos da família. E foi você quem escolheu não se aposentar mais cedo, preferindo ficar até o barco afundar. Há alguns anos você começou a fazer as escolhas que o levaram até a sua situação atual. E foi fazendo escolhas a cada passo do caminho.

Truman fez uma pausa. Tirou um lenço e secou a testa. A cabeça de David pendia, o queixo colado ao peito.

– David, olhe para mim – disse o presidente. Os olhos de David encontraram os dele. – A expressão *A culpa não é minha* nunca mais deve sair da sua boca. A expressão *A culpa não é minha* tem sido simbolicamente gravada nos túmulos de fracassados desde que Eva deu a primeira mordida na maçã. Enquanto a pessoa não assume a responsabilidade pelo que é, não existe base para seguir adiante. A má notícia é que o passado estava nas suas mãos, mas a boa notícia é que o futuro, meu amigo, também está.

O presidente estendia a mão para tocar no ombro de David quando foi interrompido por três batidas breves na porta.

– Sr. Presidente – disse uma voz vinda do corredor. Era Fred Canfil. – Cinco minutos, senhor. Esperarei aqui fora. O Sr. Churchill e o russo já estão a caminho da sala de conferências.

– Obrigado, Fred. – Truman deu uma risadinha. – Acho que meu guarda-costas não gosta muito do Sr. Stalin. Pensando bem, eu também não, mas imagino que ele seja necessário neste processo.

Levantou-se e começou a desenrolar as mangas e abotoar os punhos.

David viu o paletó do presidente pendurado no espaldar da cadeira da mesa e foi buscá-lo.

– O que o senhor vai fazer? – perguntou.

Truman abotoou o colarinho, ajeitou a gravata e encarou David com ar de cansaço.

– Vamos parar com os joguinhos, filho. Acredito que nós dois sabemos o que eu estou prestes a fazer. Se eu quero fazer? Se eu quero implementar essa... essa bomba? É claro que não!

Foi a passos largos até a mesa e juntou vários cadernos de notas. Subitamente, largou-os de volta e encarou David.

– Não tenho idéia do que você sabe sobre mim. – Fez uma pausa. – Quero dizer, não sei o que as pessoas falarão a meu respeito no futuro... ahh... – Agitou a mão esquerda para David como se pudesse exorcizar as palavras que queria dizer. – Não sei o que falam a meu respeito lá de onde você vem. Até onde tenho conhecimento, os livros de história estão cheios de informações sobre meus sentimentos, minha aparência ou a marca de uísque que eu bebo, e, francamente, isso pouco me importa. Mas vamos deixar uma coisa bem clara entre nós. Eu odeio essa bomba, certo? Tenho medo dela e estou preocupado com o que ela pode significar para o futuro do mundo.

– Por que o senhor decidiu usá-la? – O tom da pergunta de David não era de acusação ou crítica. Ele queria apenas entender os pensamentos daquele homem comum que tinha sido colocado em uma posição incomum. – Por que o senhor decidiu lançar a bomba?

Truman inspirou fundo.

– Sou o primeiro presidente desde o começo da existência de armas modernas a passar por uma guerra. Durante a Primeira Guerra

Mundial, eu teria dado qualquer coisa, pagado qualquer preço para acabar com a morte e a dor que testemunhei meus amigos sofrerem. E, agora, cá estou eu, o comandante-em-chefe que tem a capacidade, não, a responsabilidade de acabar com essa guerra e levar nossos meninos de volta para casa. Acredite – continuou, enquanto colocava o paletó –, eu analisei cada opção. Perguntei ao general Marshall quantas vidas perderíamos se nossas tropas descessem em Tóquio e em outros lugares do Japão. Na opinião dele, uma invasão desse tipo custaria no mínimo 250 mil vidas americanas. Somente a invasão. Depois dela, seríamos literalmente forçados a ir de casa em casa para tomar o país. Você sabia que durante toda a guerra nenhum pelotão japonês se rendeu? Nenhum mesmo?

David observou Truman. O queixo do presidente estava firme, mas o cansaço invadia seu rosto à medida que colocava os últimos papéis em uma sacola de couro.

– Sim – disse ele. – Tem de ser feito. Como um presidente poderia encarar as mães e os filhos desses soldados americanos se, depois da carnificina de uma invasão do Japão, viesse a público que o arsenal militar possuía uma arma poderosa o suficiente para acabar com a guerra mas não a usou?

Ele encarou David por um instante com o olhar vazio. Era como se estivesse vendo parte do seu próprio futuro e aquilo o assustasse. Balançando a cabeça para clarear as idéias, falou:

– Ainda está com o papel?

– Sim, senhor – respondeu David erguendo a folha dobrada que não tinha largado.

– Muito bem – disse o presidente com um sorriso –, então leia. – Andou até a porta, abriu-a e estava prestes a sair da sala quando parou, virou-se e disse:

– David?

– Senhor?

– Boa sorte, filho.

– Obrigado, senhor.

Truman se virou para sair, mas retornou mais uma vez para apertar a mão de David.

– Só mais uma coisa – disse, erguendo as sobrancelhas. – O fato de eu usar a expressão "boa sorte" não significa que a sorte tenha alguma coisa a ver com o seu destino. – Depois disso, o presidente dos Estados Unidos fechou a porta.

Sozinho, David correu os olhos pela sala. Andou lentamente até a mesa e se sentou na grande cadeira de couro em que Truman estivera havia pouco. Com cuidado, desdobrou o papel e começou a ler.

A PRIMEIRA DECISÃO PARA O SUCESSO

A responsabilidade é toda minha

De hoje em diante, assumo a responsabilidade pelo meu passado. Compreendo que o primeiro passo para conquistar a sabedoria é aceitar a responsabilidade pelos meus problemas e que, ao assumir a responsabilidade pelo meu passado, liberto-me para escolher um futuro melhor e mais próspero e mover-me em direção a ele.

Nunca mais vou culpar meus pais, minha mulher, meu chefe ou outros funcionários pela minha situação atual. Não deixarei que minha instrução ou falta de instrução, meus genes ou as idas e vindas da vida cotidiana afetem meu futuro de forma negativa. Se eu culpar essas forças incontroláveis pelo meu fracasso, estarei sempre preso na teia do passado. Olharei para a frente. Não deixarei minha história controlar meu destino.

A responsabilidade é toda minha. Aceito a responsabilidade pelo meu passado. Eu sou responsável pelo meu sucesso.

Estou onde estou hoje – mentalmente, fisicamente, espiritualmente, emocionalmente e financeiramente – por causa das decisões que tomei. Minhas decisões sempre foram regidas pela minha maneira de pensar. Portanto, estou onde estou hoje – mentalmente, fisicamente, espiritualmente, emocionalmente e financeiramente – por causa do modo como penso. Começarei hoje o processo para mudar minha posição – mental, física, espiritual, emocional e financeira – modificando a minha maneira de pensar.

Meus pensamentos serão construtivos, nunca destrutivos. Minha mente estará concentrada nas soluções futuras. Não ficarei preso a problemas do passado. Buscarei me associar a pessoas que estão trabalhando e se esforçando para trazer mudanças positivas para o mundo. Jamais buscarei conforto e segurança me associando a pessoas que decidiram se acomodar.

Quando tiver a oportunidade de tomar uma decisão, vou aproveitá-la. Compreendo que Deus não me dotou da capacidade de sempre tomar decisões certas. Porém, Ele me dotou da capacidade de *tomar* uma decisão e então revê-la e *corrigi-la*. As oscilações do meu estado emocional não irão me desviar do caminho. Quando tomar uma decisão, irei sustentá-la. Usarei minha energia para tomar a decisão. Não a desperdiçarei com arrependimentos. Minha vida não será uma justificativa, e sim uma afirmação.

A responsabilidade é toda minha. Eu controlo meus pensamentos. Eu controlo minhas emoções.

No futuro, quando me sentir tentado a fazer a pergunta "Por que eu?", rebaterei imediatamente com a resposta: "Por que *não* eu?" Desafios são dádivas, oportunidades para aprender. Os problemas são um traço em comum na vida dos grandes homens e mulheres. Em tempos difíceis, não precisarei lidar com um problema; terei uma escolha a fazer. Meus pensamentos serão claros. Farei a escolha correta. A adversidade é uma preparação para a grandeza. Aceitarei essa preparação. Por que eu? Por que *não* eu? Estarei preparado para algo grandioso!

Aceito a responsabilidade pelo meu passado. Controlo meus pensamentos. Controlo minhas emoções. Sou responsável pelo meu sucesso.

A responsabilidade é toda minha.

Quatro

Assim que terminou de ler as últimas palavras, David ergueu os olhos. O escritório girou e pareceu se deslocar, os cantos da sala tornaram-se mais baixos do que o centro. A mesa que antes estava bem na frente dele pareceu se esticar e ficar curva. Levantando-se, David empurrou a cadeira para longe e foi em direção à janela. Não conseguiu alcançá-la. Subitamente tonto, sentiu os joelhos se dobrarem e o passo que deu para a frente o fez cair de cara no chão. Esticando o braço para evitar o impacto, David não se surpreendeu ao ver que as mãos atravessavam o tapete persa como se ele não estivesse lá. Sua cabeça, corpo e pernas adentraram a escuridão.

Quase instantaneamente, como se tivesse atravessado o chão e caído em uma sala no andar de baixo, David estava de pé, alerta e ileso. Encontrava-se em um salão de mais de 30 metros de profundidade, 15 de largura e quase 5 metros de altura. Estava no meio de um grupo de pessoas que se acotovelavam para conseguir ver um tumulto que acontecia mais à frente. Os homens estavam sem camisa e eram extremamente bronzeados. As mulheres usavam túnicas de cores vivas e seus cabelos muito longos desciam em tranças pelas costas.

Movimentando-se com a multidão, David inspirou fundo. O ar tinha um cheiro forte de cedro. Ele notou com espanto que as paredes e as enormes colunas que sustentavam o teto eram inteiramente constituídas da mesma madeira. O chão era forrado de lâminas maciças de mármore cinza, quase roxo.

Subitamente um gongo soou. O som era de estourar os tímpanos. Imediatamente, todos os homens e mulheres ao redor de David pararam de falar, se ajoelharam e baixaram a cabeça. Estupefato demais para fazer qualquer coisa, David teve de repente uma visão clara da sala.

Logo à frente dele havia seis degraus. Em ambos os lados, duas estátuas de leões esculpidos em mármore negro, verdadeiras obras-primas. Mas o maior esplendor se encontrava no alto da escada. No centro de um pedestal de granito havia um trono feito de marfim, com detalhes em ouro puro. O espaldar da cadeira rebuscada era arredondado no topo e tinha descansos para os braços em ambos os lados. Mais dois leões, feitos de ouro, jaziam vigilantes e majestosos nas laterais do trono.

O gongo voltou a soar. Desta vez, um homem próximo ao trono andou em direção a uma cortina e abriu o pano. O ser humano mais radiante que David jamais vira passou pela abertura. Usava uma túnica turquesa brilhante. Rubis e jóias de todos os tipos estavam costurados nas bainhas e mangas da veste. Em volta dos braços e do pescoço havia tiras de ouro maciço. A coroa, também de ouro, era salpicada de pequenos diamantes. David, boquiaberto, era a única pessoa ainda de pé, e olhava diretamente para aquela figura espantosa.

Era um homem grande, um pouco maior do que David. Seu cabelo grosso e preto chegava aos ombros, dividido ao meio, e a coroa pesada o mantinha no lugar. Dando a volta pela frente do trono, sentou-se e disse apenas:

– Comecemos.

Imediatamente a multidão ficou de pé e o tumulto próximo ao trono recomeçou. À medida que procurava uma posição melhor para ver o que estava acontecendo, David ouviu as vozes iradas de duas mulheres.

– Ele é meu! – berrava uma delas.

– Não, não! – gritava a outra. – Você é uma ladra!

David abriu caminho até a frente enquanto a multidão se agitava, tomando partido e gritando insultos.

– Silêncio – disse vigorosamente o homem no trono. As pessoas se calaram de imediato.

David chegou ao pé da escada. Estava bem na frente das mulheres e do trono acima delas. Até então ninguém notara sua presença. Sentiu-se completamente invisível. Aproximando-se, David notou que uma das mulheres carregava um recém-nascido.

Todas as pessoas no salão tinham os olhos voltados para o trono. Então, com um gesto da mão, o homem indicou a segunda mulher, a que estava sozinha, e disse com brandura:

– Conte-me sua história.

A mulher fez uma mesura e falou:

– Sua Majestade, esta mulher e eu vivemos na mesma casa. Há pouco tempo, meu bebê nasceu lá. Três dias depois, o bebê dela veio ao mundo. Estávamos sozinhas. Na noite passada, enquanto dormíamos, ela se virou no sono e esmagou o filho, que morreu. Então, enquanto eu dormia, ela se levantou, tirou meu filho da minha cama e o deitou na dela. Depois, colocou o bebê morto ao meu lado.

Ouviram-se murmúrios na multidão, enquanto ela prosseguia:

– Pela manhã, quando me levantei para amamentar meu bebê, vi que ele estava morto. Então olhei para ele na claridade e vi que não era o meu filho.

– Não! – gritou a outra mulher. – Ele era o seu filho. Minha criança está viva.

– O bebê morto é o seu – exclamou a mulher que contara a história. – Você está segurando meu filho. Meu bebê está vivo!

David observou as mulheres trocarem acusações, até o rei levantar a mão e silenciar a todos mais uma vez. O rei olhou dentro dos olhos das duas mulheres com atenção. Em um tom de voz calculado, ordenou a um assistente:

– Traga-me a espada.

David ficou petrificado enquanto a espada era trazida de trás da cortina. Tinha praticamente um metro e meio de comprimento e era feita de uma prata reluzente e com cabo de ouro. Esmeraldas decoravam a parte de baixo da haste. O rei pegou-a, ergueu-se e disse:

– Tragam-me o bebê. Vou cortá-lo ao meio. Assim, cada uma poderá ficar com uma das metades. – Levantou a espada como se fosse golpear.

– Por favor, não mate meu filho! – gritou a mulher que estava sozinha. – Sua Majestade, dê a criança a ela, mas não a mate!

– Vá em frente, corte-a em dois – rosnou a outra mulher, estendendo a criança para o rei. – Assim nenhuma de nós ficará com ela.

O rei falou com brandura:

– Não vou machucar o bebê. Jamais tive a intenção. – Apontou para a mulher que estava de joelhos, chorando. – Dê a criança para ela – disse. – Esta é a verdadeira mãe.

Enquanto o choro angustiado da mulher se transformava em lágrimas de alegria, o bebê foi colocado em seus braços e a multidão vibrou. David gritou e bateu palmas junto com os outros. Quando o rei se levantou do trono, todos se ajoelharam mais uma vez, deixando David sozinho de pé. À medida que caminhava em direção à cortina, o rei se deteve, virou-se e olhou diretamente para David como se dissesse "Você vem comigo?".

David compreendeu o olhar e o seguiu depressa, subindo os degraus. Ao passar pelas cortinas, entrou em uma sala menor, porém ainda mais fabulosa. Escudos de ouro cortados por lanças de prata cobriam as paredes. Travesseiros de linho e peles curtidas estavam espalhados em um canto próximo a uma mesa baixa coberta das mais variadas iguarias. A luz entrava na sala através de janelas altas adornadas de marfim e ouro.

David foi até o centro da sala. Os dois assistentes que guardavam a porta não o notaram, mas o rei, que falava com outro homem perto da mesa, viu David e encerrou a conversa.

– Como quiser, Ahishar – David o escutou dizer. – Tenho certeza de que, como primeiro-ministro, você tomará a decisão correta. – Fez menção de recostar nos travesseiros diante da mesa. – Peço que, por gentileza, se retire e diga a todos os assistentes para saírem da sala.

O homem chamado Ahishar ficou chocado.

– Mas, Sua Majestade – ele disse –, não é seguro...

– Prefiro ficar só – interrompeu o rei. – Agradeço sua preocupação, mas neste instante ela não se faz necessária. Agora vá, Ahishar. – Fazendo uma mesura ao sair, o primeiro-ministro foi embora, gesticulando para que os assistentes o seguissem.

Finalmente sozinhos, David e o rei observaram-se com curiosidade. O rei falou primeiro.

– Você sabe onde está? – perguntou com um sorriso.

– Sim, senhor – respondeu David, hesitante. Depois, retomou com mais confiança. – Sim, senhor, eu sei. O senhor é o rei Salomão. Eu reconheci a história. – Salomão franziu o cenho. – Quero dizer, reconheci o que aconteceu lá fora. – David foi até a cortina. – O que estou tentando dizer é que lembro de ter ouvido essa história quando criança.

Salomão sorriu, divertindo-se com a confusão de David.

– Não tem importância – disse. – Está com fome?

– Sim, senhor.

– Então, por favor, junte-se a mim. – Salomão apontou um travesseiro especialmente grande no qual David se sentou. – Diante de você está a melhor comida que existe no mundo. Sirva-se à vontade.

– Obrigado – falou David, enquanto pegava uma fruta. – Aliás, meu nome é David Ponder.

– Dois nomes – observou Salomão com interesse. – A propósito, você fala bem meu idioma. Aprendeu hebraico ou sua língua também lhe causa surpresa?

– Na verdade – disse David enquanto abria uma romã –, fiquei abismado ao perceber que compreendia todas as palavras que foram ditas. Estou ainda mais impressionado com o fato de conseguir falar com o senhor agora. Nunca aprendi nem espanhol, e cá estou eu falando uma língua milenar sem o menor esforço.

Salomão deu uma risadinha.

– O dialeto não é tão milenar para mim, meu amigo, mas compreendo o seu espanto. Para onde quer que você vá nesta viagem incomum, verá que sua boca e ouvidos ganharam uma capacidade especial de comunicação e compreensão. Essa notável capacidade é, obviamente, essencial para que você entenda e aplique a dádiva que está recebendo.

– Uma dádiva? – perguntou David.

– Os pergaminhos – respondeu Salomão. – Eu preparei este para você hoje de manhã. – Pousou a mão em um fino pedaço de couro enrolado em uma pequena haste de madeira. – É a mensagem que foi depositada em meu coração para você. Ela é apenas parte do que deve ser arraigado em sua vida antes de você ser capaz de transmitir a dádiva para outras pessoas.

– Como irei transmitir essa... dádiva para os outros? – perguntou David, balançando a cabeça.

O rei abriu um pequeno sorriso enquanto pegava um cacho de uvas. Arrancando uma, ele a colocou na boca e disse, pensativo:

– Isso você talvez não saiba por algum tempo. No entanto, a resposta pode ser revelada amanhã. Jeová move montanhas e cria oportunidades a Seu bel-prazer. Cabe a você estar pronto para se mexer com as próprias pernas.

David se inclinou para a frente.

– Acho que entendo o que está dizendo. O senhor quer dizer que tenho que me preparar para o que der e vier. – Salomão assentiu devagar. – Então, deixe-me fazer uma pergunta – falou David, quase com sarcasmo. – Como posso me preparar para algo quando não sei o que é ou quando vai acontecer? – Salomão ficou quieto. – Senhor? – insistiu David um pouco mais alto, num tom irritado. – Veja – recomeçou –, estou falando sério. Como posso me preparar para um futuro incerto?

– Busque a sabedoria – o rei se limitou a dizer.

David arregalou os olhos.

– Talvez eu não seja muito esperto – disse –, mas não estou entendendo. Deixe-me perguntar o seguinte: como faço para buscar a sabedoria?

– Minha resposta o deixará frustrado. – O rei fez uma pausa. – Minha resposta é: busque a sabedoria.

David ficou boquiaberto. Balançou a cabeça e estava prestes a falar quando Salomão o interrompeu.

– David, você age como a maioria das pessoas. Ouve, mas não escuta. Busque a sabedoria. *Busque* a sabedoria. A sabedoria deve ser conquistada. Não pode ser negociada ou vendida. É uma dádiva reservada aos diligentes. E apenas os diligentes a encontrarão. O preguiçoso, o tolo, nem sequer procura por ela. Embora a sabedoria esteja disponível para muitos, é obtida por poucos. Busque a sabedoria. Encontre-a e você irá alcançar sucesso e felicidade.

– Bem – disse David. – Eu certamente não tenho sucesso ou felicidade na minha vida neste momento.

– Tudo faz parte do passado – observou Salomão. – Mesmo o presente está constantemente se tornando passado; agora... e agora... e agora. – Estalava os dedos ao falar. – O passado nunca muda, mas você pode mudar o futuro alterando suas ações no presente. É um processo muito simples. Nós, seres humanos, estamos sempre mudando. Portanto, podemos controlar a direção da nossa mudança.

– Como posso controlar essa direção? – perguntou David.

Salomão se levantou e começou a andar pela sala. Juntando as mãos às costas, perguntou:

– Você tem filhos?

– Sim – respondeu David. – Uma filha de 12 anos.

O rei disse:

– Preocupa-se com o tipo de amigos com quem ela brinca?

– Sim – respondeu David. – É claro.

Salomão se virou rapidamente e disse:

– Você diz "É claro". Por quê?

David franziu o cenho, tentando entender aonde o rei queria chegar.

– Bem – começou a falar. – Eu disse "É claro" porque os amigos da minha filha exercem bastante influência sobre ela. Tanto boa quanto má. Já notei que, quando ela está na companhia de crianças boas e respeitosas, o comportamento dela melhora. Mas, às vezes, quando ela se mistura com o grupo errado na escola, eu e minha esposa temos que lidar com as conseqüências em casa.

– Conseqüências? – perguntou Salomão.

– O linguajar, a atitude, o modo de se vestir, o jeito de se comunicar conosco. – David se esforçava para encontrar as palavras certas. – Nessa idade, tudo o que ela faz parece influência de alguém.

– Como você controla a direção das mudanças pelas quais a sua filha passa? – perguntou Salomão.

– Vigiando as amizades dela – respondeu David.

– Exatamente! – disse o rei empolgado. – E em que idade deixamos de ser influenciados pelas pessoas que nos cercam? Dezoito? Vinte e um? Trinta? A resposta, é claro, é que somos influenciados por nossos relacionamentos o tempo todo e para sempre. Se um homem tem companheiros que xingam e reclamam, logo xingamentos e reclamações estarão jorrando como um rio da sua boca. Se passar o dia com pessoas preguiçosas, aquelas que só querem esmolas, logo estará com as finanças comprometidas. Muitos dos nossos sofrimentos têm origem nos nossos relacionamentos com as pessoas erradas.

David se levantou. Limpando as mãos nos jeans, disse:

– Então este é um passo importante na busca da sabedoria?

– Possivelmente *o* passo mais importante – respondeu Salomão. – Fique atento às suas amizades, David. Ao tolerar a mediocridade na escolha dos seus companheiros, você se habitua à mediocridade na sua própria vida. Se um homem preguiçoso não o irrita mais, é sinal de que aceitou a indolência como estilo de vida. Você viu Ahishar ao entrar, não viu?

– Sim – assentiu David. – Se não me engano, o senhor disse que ele era o primeiro-ministro.

– Isso mesmo – concordou o rei. – Você não conheceu Zadok, Azariah e Abiathar. Eles são meus sacerdotes. Elihorep e Ahijah são meus assistentes particulares, Jehoshaphat é responsável pelos registros do governo e Benaiah é o comandante do meu exército. São todos homens sábios e enérgicos com os quais me aconselho. Se é importante para um rei ser cuidadoso na escolha de suas amizades, por que não seria para você?

David andou até um dos escudos de ouro na parede e o acariciou distraidamente.

– O senhor é o homem mais sábio do mundo – disse ele – e, obviamente, o mais rico. Ainda assim, diz que pede conselho a outros homens. Por quê?

Salomão sorriu com paciência.

– Somente um tolo recusa o conselho dos sábios. Conselhos nos dão segurança. Um ensinamento sensível é uma fonte de vida que o ajudará a evitar todas as formas de armadilhas mortais. Encontre um sábio, uma pessoa que conquistou o que você deseja para a sua própria vida, e ouça com atenção as palavras dele. – Salomão foi até a mesa e apanhou o pergaminho. Depositando-o em uma dobra da túnica, foi em direção a David. – Siga-me – disse.

Ao sair da sala interna, Salomão segurou a cortina para David passar.

– Eu deveria estar segurando a cortina para o senhor. Afinal, o senhor é o rei.

Salomão riu.

– Obrigado, mas fico feliz pela oportunidade de servir a *você*. Quando um rei começa a agir como rei, logo outra pessoa assumirá o trono! Servir é uma maneira de darmos valor uns aos outros. Um homem sábio é um homem que serve.

Enquanto caminhavam para o grande salão, David apontou para o trono e perguntou:

– Posso tocá-lo?

– Sem dúvida – respondeu Salomão. – Pode se sentar nele, se quiser. É apenas uma cadeira.

David colocou a palma da mão sobre o trono. Acariciando suavemente o assento e os braços com a ponta dos dedos, admirou a disposição do marfim e do ouro. Virando-se, sentou-se no trono. Com um sorriso acanhado, observou:

– Sinto-me pequeno sentado aqui.

– Eu também – disse Salomão, rindo. Então, falou com seriedade: – Muitas vezes a responsabilidade que acompanha a liderança nos confere humildade. Quando me sento onde você está agora, sinto-me grato pelos ensinamentos do meu pai. Como deve saber, o nome dele também era David. Ele não só foi rei antes de mim como também meu mentor. – Salomão olhou para o salão vazio, parecendo imerso em pensamentos. Então prosseguiu: – Meu pai morreu há muitos anos, porém os fundamentos que ele me ensinou ainda me guiam.

Salomão retirou o pergaminho do seu traje e desenrolou a pele da haste de madeira. Enquanto entregava as preciosas palavras para David, disse:

– É chegada a hora de nos separarmos, meu amigo. Talvez o tempo que passamos juntos o faça compreender melhor a sua jornada na vida. Não posso fazer nada para aliviar suas lutas, e não o faria se pudesse. O dever de um líder nunca é lutar pelos outros; ele deve incentivar as pessoas a lutar e garantir a elas que vale a pena. Enfrente os desafios do presente e você irá receber as recompensas no futuro.

– Obrigado, Sua Majestade – disse David.

– Não tem de quê – respondeu Salomão. Sorriu ao fazer uma leve mesura. – Foi uma honra ajudá-lo. Adeus.

Com essas últimas palavras, o rei desceu os degraus e seguiu andando pelo meio do vasto salão. Quando se aproximou da passagem no lado oposto, bateu palmas duas vezes. Imediatamente surgiram assistentes para escoltá-lo para fora do prédio.

Sozinho, David se levantou e olhou mais uma vez para o magnífico salão. Lentamente, voltou a se sentar no trono do rei Salomão e estendeu o pergaminho sobre o colo.

A SEGUNDA DECISÃO PARA O SUCESSO

Buscarei a sabedoria

Sabendo que a sabedoria deve ser conquistada, irei buscá-la ativamente. Meu passado não pode ser mudado, mas posso mudar o futuro modificando minhas ações no presente. *Mudarei* minhas ações no presente. Treinarei meus olhos e ouvidos para ler e ouvir livros e mensagens que possam trazer mudanças positivas para meus relacionamentos pessoais e maior compreensão dos meus companheiros. Deixarei de bombardear minha mente com coisas que alimentam minhas dúvidas e medos. Lerei e escutarei apenas aquilo que aumenta a crença que possuo em mim mesmo e no meu futuro.

Buscarei a sabedoria. Escolherei meus amigos com atenção.

Eu sou o que meus amigos são. Falo a língua deles e visto suas roupas. Compartilho as opiniões e os hábitos deles. Daqui por diante, procurarei me ligar a pessoas cuja vida e estilo de vida admiro. Se me associar a galinhas, aprenderei a arranhar o chão e brigar por migalhas. Se me associar a águias, aprenderei a voar nas alturas. Sou uma águia. Voar é meu destino.

Buscarei a sabedoria. Escutarei os conselhos dos sábios.

As palavras dos sábios são como gotas de chuva no chão seco. São preciosas e podem ser usadas prontamente, com resultados imediatos. Apenas a relva que recebe um pingo de chuva prospera e cresce. A pessoa que ignora um conselho sábio é como a relva intocada pela chuva – logo irá murchar e morrer. Quando me aconselho apenas comigo mesmo, tomo decisões de acordo apenas com o que já sei. Quando me aconselho com um sábio, acrescento a sabedoria e a experiência dele à minha e aumento drasticamente o meu sucesso.

Buscarei a sabedoria. Servirei ao próximo.

O sábio cultiva o espírito de um servo, pois este atributo em especial atrai pessoas como nenhum outro. Se eu servir aos outros com humildade, eles compartilharão livremente comigo a sabedoria que possuem. É comum uma pessoa que desenvolve o espírito de um servo se tornar incrivelmente rica. Muitos servos têm o ouvido de um rei, e um servo humilde muitas vezes chega ao trono, pois é o povo que o escolhe. Aquele que serve mais cresce mais rapidamente.

Eu me tornarei um humilde servo. Não esperarei que alguém abra a porta para mim – eu procurarei abrir a porta para alguém. Não me afligirei quando não houver ninguém para me ajudar – ficarei feliz quando estiver disponível para ajudar.

Serei um servo para as outras pessoas. Escutarei os conselhos dos sábios. Escolherei meus amigos com cuidado.

Buscarei a sabedoria.

Cinco

Buscarei a sabedoria – essas eram as últimas palavras. Desta vez, David estava preparado. Antecipando a tontura que sentira antes, fechou os olhos e retesou o corpo inteiro. Podia sentir a pele do pergaminho na sua mão esquerda enquanto o pressionava contra o braço do trono. Segurou-o com toda a força possível. Por um instante, nada aconteceu. Quando estava prestes a relaxar, David abriu os olhos e viu seus dedos literalmente atravessarem o marfim, como se este fosse feito de ar. Ainda estava de posse do pergaminho, mas as mãos que pouco antes agarravam com tanta firmeza um objeto sólido se fecharam em punhos à medida que o trono desaparecia.

No próximo momento de consciência, David estava parado em meio ao barulho mais alto que já ouvira na vida. O primeiro pensamento que lhe veio ao tentar recuperar os sentidos foi *trovão*, e ele olhou para o céu. De repente alguém espalmou a mão em seu peito, agarrou-o pela camisa e o empurrou bruscamente para o chão.

– Abaixe-se, homem! – disse o dono da mão, pressionando a cara de David contra a terra. – Não sei se você pode ser atingido, mas não vamos tentar descobrir, certo?

David virou a cabeça em pânico e olhou para o homem que o puxara. Ele tinha uns 35 anos, cabelos castanho-escuros e um bigode longo e cheio. Usava calças azul-escuras com uma faixa amareloclara na lateral e uma blusa de cor indefinida. As roupas, assim como seu dono, pareciam não ver água havia um mês. O homem era bastante magro e provavelmente alto. Ficava difícil saber, pois ele estava deitado no chão disparando um rifle antigo por sobre um monte de pedras. O som que David confundira com um trovão era o estrondo de um disparo de canhão.

Balas zuniam das pedras como um enxame de abelhas furiosas. David ouvia, vindos de todos os lados, urros de raiva e dor. Um homem a menos de três metros de distância estava sentado contra uma árvore, berrando de agonia por causa de um ferimento na barriga, enquanto outro, com a perna direita amputada acima do joelho, se arrastava lentamente até um amigo já morto. As balas de canhão que não castigavam os grupos de homens atingiam as árvores que os cercavam, partindo troncos tão largos quanto os soldados sobre os quais eles caíam.

O barulho era tanto que David tinha que gritar para ser ouvido. Mas isso não era problema. Na verdade, parecia a coisa mais natural do mundo. Aterrorizado, David agarrou o ombro do homem e gritou:

– Quem é você?

O homem, de costas, recarregava o rifle pelo cano.

– Chamberlain! – ele berrou. – Chamberlain, do 20º Regimento do Maine! – E voltou a atirar.

Mais uma vez o homem chamado Chamberlain se virou para recarregar o rifle. Deitou-se de lado e rasgou com os dentes um cartucho de papel, enfiando-o pelo cano da arma com uma haste de metal.

– O que está acontecendo? – gritou David. – Onde estamos? – Nunca se sentira tão assustado na vida.

– Fique abaixado! – berrou Chamberlain em resposta. – Não temos tempo agora. Conversaremos mais tarde, espero.

David olhou em volta, aflito. Percebeu que as pedras que serviam de abrigo para eles na verdade tinham sido amontoadas como um muro improvisado que se estendia por cerca de 50 metros à direita e outros tantos à esquerda. Estavam quase no topo de uma colina íngreme e cheia de árvores, que descia a perder de vista. Chamberlain continuou a atirar em direção ao pé da colina, a recarregar a arma e a gritar palavras de incentivo aos homens que o cercavam.

Próximo a Chamberlain, David viu um homem ser jogado para trás, o sangue que saía de uma ferida na garganta descrevendo um arco no ar. O homem caiu de quatro no chão e se arrastou lentamente em sua direção. Alcançando o muro, encostou-se nele e deixou seu braço cair sobre a perna de David. Olhou para cima, sorriu e morreu. Fixando os olhos cegos do soldado, David ficou horrorizado ao perceber que ele não passava de um menino de no máximo 15 anos de idade.

David não saberia dizer o momento exato em que o tiroteio parou. Continuou encolhido contra as pedras, olhando para o rosto do menino morto, até a mão de Chamberlain tirá-lo do transe. O coronel passou os dedos com ternura sobre os olhos do jovem soldado, fechando-os, e disse:

– Neilson. Ele era um bom menino.

Gesticulou na direção de um homem, obviamente morto, que estava caído sobre o muro de pedra a menos de 10 metros de distância.

– Aquele era o pai dele. Hiram era caixa de um banco em Bangor. Os dois se alistaram quando este regimento foi criado no outono passado. Éramos mil. Os 300 que restaram estão agrupados na extensão deste monte de pedras.

Chamberlain se levantou e ofereceu a mão para David. Ajudando-o a se levantar, disse:

– Sou o coronel Chamberlain. Joshua Lawrence Chamberlain. Sei por que está aqui, mas não sei o seu nome.

– Meu nome é David Ponder, senhor. É seguro ficar de pé assim?

– Por enquanto – respondeu Chamberlain enquanto tirava um pequeno ramo do bigode. – Mas eles certamente irão voltar. Esta foi a quarta vez que nos atacaram.

– Se o senhor me permite a pergunta – gaguejou David –, quem são *eles*?

O coronel entortou a cabeça e franziu o cenho.

– Ora, os rapazes de Lee... O Exército da Virgínia do Norte. Temos à nossa frente pelo menos metade das tropas dos confederados que se estendem por uma longa linha até uma cidadezinha a um quilômetro e meio naquela direção. – Chamberlain apontou com o rifle.

– Qual é o nome da cidade? – perguntou David.

– Gettysburg – respondeu Chamberlain. – Já ouviu falar?

David assentiu, sentindo um frio no estômago.

– A Guerra Civil – ele sussurrou.

– O quê? – perguntou Chamberlain.

– Eu disse que esta é a Guerra Civil.

– Humpf – bufou Chamberlain. – *Você* pode chamá-la assim. Fique por aqui um tempo. Garanto que não há nada de civil nela. Venha comigo – disse, começando a andar. – Não temos muito tempo até eles recomeçarem o ataque.

– Joshua! – Os dois homens se viraram ao ouvir os gritos. – Joshua!

Eram Tom e John Chamberlain, os irmãos mais novos do coronel. Tom era o tenente do regimento, enquanto John, um rapaz forte, tinha se alistado como médico. Ambos eram quase da altura do coronel e usavam bigodes e costeletas que cobriam seus rostos. Entretanto, possuíam uma alegria que o irmão mais velho deixara para trás havia tempos.

– Você está um pouco mais sujo do que deveria, Joshua, mas me parece saudável. Está tudo bem? – perguntou John.

– Tudo. Por enquanto. E você?

– Até aqui, tudo bem – disse John. David seguiu os três irmãos que andavam depressa ao lado do muro. – O sargento Tozier foi atingido, mas não é grave. A divisão dele sofreu muitas perdas.

– Como estamos indo, coronel? – A pergunta foi feita por um homem de uns 50 anos.

– Você está acabando com eles, soldado. Continue assim – respondeu Chamberlain. Virando-se para os irmãos, deu as seguintes instruções:

– John, suba a colina e encontre um lugar para os feridos. Tom, vá para a retaguarda do regimento e certifique-se de que ela está bem fechada. E diga aos homens para espaçarem as suas fileiras. Leve pelo menos metade dos homens para a esquerda daquele pedregulho. Os rebeldes estão tentando entrar por ali e se eles nos flanquearem... – A voz de Chamberlain foi diminuindo. – Bem – prosseguiu –, eles não podem nos flanquear em hipótese alguma. Só isso. – Quando os dois se viraram para ir embora, o irmão mais velho os impediu novamente. – Meninos – ele acrescentou –, não estou gostando disso. Protejam-se. Com nós três aqui, este pode ser um dia triste para nossa mãe.

Enquanto seus irmãos partiam correndo, Chamberlain se virou para David e fez um gesto para que ele o seguisse. Caminharam por entre árvores partidas e pedaços derrubados do muro, passando por cima de homens que estavam se preparando para voltar ao combate e por aqueles que não lutariam mais. O coronel escalou a montanha que indicara anteriormente ao irmão e ajudou David a subir para o seu lado.

– Dá para vê-los daqui – falou.

David apertou os olhos tentando distinguir algo através da fumaça que ainda engrossava o ar. Seguindo o olhar de Chamberlain, viu os uniformes cinza e amarelo-claros do Exército Confederado aglomerando-se lá embaixo. Estavam a menos de 150 metros de distância. David podia ver os chapéus e, às vezes, um rosto erguido para a colina.

– Quem é o senhor? – perguntou David.

Chamberlain estava olhando com atenção para o sopé da colina, mas, ao ouvir a pergunta, virou a cabeça bruscamente na direção do visitante.

– O quê? Eu já falei. Meu nome é...

– Não foi isso que perguntei – interrompeu David. – O que quero dizer é: quem *é* o senhor? Não se ofenda, mas o senhor é famoso? Nos outros lugares em que apareci encontrei pessoas... bem... famosas.

Chamberlain riu. Foi uma risada breve, desprovida de humor.

– Famoso? Dez meses atrás eu era um professor. Agora sou um soldado. Pelo menos por enquanto. Na verdade, foi por volta da época em que me alistei que comecei a sonhar com você. Sabia como era a sua aparência, a sua altura. – O coronel agarrou a manga de David. – Sabia até que estaria vestindo isto. Nunca tinha tido sonhos assim. Estranhos, constantes, todas as noites, durante meses. Quer ouvir uma coisa esquisita? Pouco antes de você chegar, bem no meio da batalha, olhei para cima e levantei a mão. Você apareceu. Fechei o punho na sua camisa e o puxei para baixo. Quando ergui a mão, sabia que você estaria ali. Foi como nos meus sonhos.

– Por que o senhor está aqui? – perguntou David.

Chamberlain olhou para ele com curiosidade.

– Você quer dizer na guerra em geral ou nesta colina específica?

– Acho que os dois.

– Hum – Chamberlain alisou a barba. – Alistei-me no Exército da União por milhares de motivos; pelos mesmos que todo mundo, na verdade. Nós nos deixamos levar pelo patriotismo. Estávamos entediados. Tínhamos vergonha de *não* nos alistarmos. Pensamos que seria uma coisa rápida e divertida. Porém, acredito que a grande maioria dos homens deixou seus lares e suas famílias porque achou que era a coisa certa a fazer.

Chamberlain ficou em silêncio por um instante, distraído com os homens que se alinhavam atrás das árvores caídas à medida que espaçavam as fileiras.

– Coronel! – gritou um deles. – As moitas são muito cerradas aqui. Não dá para ver nem 30 metros à frente.

– Cave uma trincheira e fique aí mesmo, filho – gritou de volta Chamberlain. – Eles vão estar bem mais perto do que isso.

Após alguns instantes de silêncio, David recordou a Chamberlain:

– Coronel? O senhor disse que se alistou porque achava que era a coisa certa a fazer.

– Sim – prosseguiu Chamberlain. – No decorrer dos séculos, guerras têm sido travadas por terras, mulheres ou dinheiro. Milhares de pessoas morreram em batalhas provocadas por ciúmes ou por um insulto. Várias vezes homens lutaram porque um rei, um presidente ou quem quer que seja ordenou que lutassem. – Chamberlain se virou e olhou David nos olhos. – David Ponder, posso garantir a você que esta é a primeira vez na história que homens lutam para libertar outros homens. A maioria de nós do Maine nunca viu um homem de pele negra, mas, se é verdade que todos os homens foram criados iguais, estamos lutando uns pelos outros. Estamos lutando porque é a coisa certa a fazer.

O coronel manteve os olhos fixos nos de David por um bom tempo, depois se virou lentamente para olhar a fileira de homens.

– Não sei mais ao certo o que exatamente esperava quando me alistei para esta luta, mas não era isso.

Ele se agachou, equilibrando-se com facilidade nos calcanhares. Pegando distraidamente uma erva no chão, Chamberlain disse:

– Aconteceu em Fredericksburg. Três mil dos nossos atacaram um muro de pedra igual a este. Atravessamos um campo enquanto o sol se punha. Eles atiraram de uns 50 metros de distância. Nós caímos aos borbotões. Lençóis de homens caindo, literalmente, como uma cortina que desaba. O ataque falhou, mas eu cheguei até o muro. Fiquei lá a noite inteira, assustado demais para bater em retirada e sentindo frio. Escondi-me no meio dos mortos para me aquecer, ouvindo nossos homens atirarem, os homens deles atirarem de volta. *Whap!* Este é o som que uma bala faz quando atinge um cadáver. Completamente diferente do som de uma bala entrando em carne viva.

Chamberlain balançou a cabeça com força, como se quisesse afastar a lembrança.

– Bem... – disse ao se levantar. Usava a erva como uma espada, apontando mais uma vez para o muro. – Isso nunca vai acontecer aqui. Este muro não vai segurá-los por muito mais tempo. Não temos uma quantidade suficiente de homens. – Jogou a erva no chão. – Tenho a impressão – falou – de que, se perdermos esta batalha, a guerra vai acabar.

David foi para o lado do coronel.

– Por que o senhor escolheu este lugar para defender?

– Eu não escolhi – disse Chamberlain secamente. – O coronel Vincent me colocou aqui hoje de manhã.

– Por que ele colocou o senhor aqui? – insistiu David.

– Somos o regimento situado à extrema esquerda do Exército da União. O 83º Regimento da Pensilvânia está formado à nossa direita, mas, à nossa esquerda, não existe nada. Estamos no fim de uma linha que segue daqui até Gettysburg. Isso significa que não podemos bater em retirada. Se o Exército Confederado nos flanquear, se os rebeldes nos ultrapassarem, sairão atrás dos nossos canhões e das nossas barricadas, e o Exército do Potomac será capturado. Oito mil homens pegos pela retaguarda, sem proteção, em um ataque colina abaixo. Se isso acontecer, a culpa terá sido minha.

Naquele exato segundo, David ouviu um som fantasmagórico vindo da parte de baixo da colina. Erguendo-se até um timbre alto e agudo, mil vozes explodiram em um grito longo e contínuo. Era o grito dos rebeldes. Eles estavam vindo. David viu de relance os soldados passando pelas árvores à medida que subiam a colina.

Chamberlain se virara para tirar David de cima da pedra quando foram atingidos pela bala de um canhão. Chocando-se contra a base da pedra em que estavam, o projétil atirou os dois homens no ar. Quando bateu no chão, David sentiu como se um vácuo gigante tivesse sugado todo o ar do seu corpo. Antes de poder ver se tinha sido ferido, antes mesmo de poder respirar, Chamberlain o agarrara pelo braço, arrastando-o para trás do muro.

Enquanto lutava para fazer os pulmões funcionarem novamente, David percebeu que somente os canhões estavam atirando. Ainda conseguia ouvir gritos de gelar o sangue à medida que os rebeldes subiam a colina. Rolou o corpo, ficando de joelhos para olhar por cima do muro. Dava para vê-los. David tinha a impressão de que o Exército Confederado estava prestes a pular em seu colo. *Atirem!*, pensou. *Pelo amor de Deus, atirem! Eles estão bem aqui!*

Pareceu uma eternidade, mas, finalmente, David ouviu Chamberlain gritar:

– Atirem neles!

Uma longa e ruidosa saraivada de tiros de rifle rebentou. Começou perto de David e correu como um pavio pela linha à direita acima. A primeira rajada atingiu um punhado de rebeldes. Depois disso, eles ficaram mais cuidadosos, usando árvores para se proteger do fogo mortal, mas continuaram vindo.

Agora o tiroteio era ininterrupto. Para David, parecia uma mistura de trovão, fogos de artifício e terremoto. O homem ao seu lado grunhiu e caiu para trás, a cabeça e o rosto transformados em uma massa de sangue. Para espanto de David, o homem se sentou, tirou um lenço do bolso e o amarrou em volta da cabeça. Limpando o sangue de cima dos olhos com a manga, apanhou o rifle e começou a recarregá-lo.

Chamberlain estava coordenando seus homens e se afastara um pouco de David. Por toda a linha, alguns rebeldes tinham alcançado o muro. A maioria dos tiros era à queima-roupa. O coronel sacara sua pistola, e David observou Chamberlain e um rebelde, a menos de um metro de distância, apontarem as armas um para o outro. O soldado confederado caiu em meio a uma névoa vermelha. Chamberlain continuou atirando em alvos que o cercavam de todos os lados até que, sem aviso, os rebeldes recuaram.

Tão subitamente quanto tinham aparecido, eles bateram em retirada. Os homens de Chamberlain se levantaram com cuidado para avaliar a situação. David foi depressa ao encontro do coronel, que se afastava dele. O muro de pedra estava coberto de corpos vestidos de azul e cinza. Chamberlain passou por um homem que chorava e praguejava com um rapaz nos braços.

Andando rápido para alcançar o coronel, David estendeu o braço e tocou-lhe o ombro.

– Coronel? – disse ele. Chamberlain parou, olhando direto para a frente. – Coronel? Sei que está muito ocupado e não quero incomodá-lo, mas por que estou aqui?

Chamberlain balançou a cabeça devagar.

– Não sei. Sabia apenas que você viria.

– Devo aprender alguma coisa com o senhor – alegou David. – Tenho certeza. Pense... o que poderia ser?

O coronel abriu um sorriso fraco e ergueu as sobrancelhas. Virando-se para David, disse:

– Sou professor de retórica. Tenho certeza absoluta de que não posso ensinar nada que você queira aprender. Sou um professor com uma causa no coração e homens para liderar. Esses pobres homens... o líder deles não conhece luta armada ou táticas militares. Sou apenas um homem teimoso, Ponder. Essa é minha maior vantagem nessa luta. Carrego no fundo a inabilidade de não fazer nada. Posso morrer hoje, mas não morrerei com uma bala nas costas. *Não* vou morrer em retirada. Eu sou, pelo menos, como o apóstolo Paulo, que escreveu: "Uma coisa faço... prossigo em direção ao marco."

– O senhor tem algo escrito que gostaria de me entregar?

Por um instante, David notou que Chamberlain não entendera a pergunta. Então, uma luz de compreensão brilhou em seus olhos.

– Sim – ele disse. – Tenho. Tinha quase me esquecido.

Enfiando a mão no bolso, puxou uma bolsinha de tabaco. A bolsinha, que cabia na mão, era azul-marinho, com duas espadas cruzadas, o símbolo de um lutador, bordadas na aba. Era de tecido grosso, mas os maus-tratos que recebera a deixaram macia como uma bolsa de algodão. Os dois botões dourados que a fechavam eram de metal, com a imagem de uma águia gravada. Estava surrada e esfarrapada, mas ainda era bonita e, de certa forma, nobre – propriedade de um oficial.

Chamberlain abriu a bolsinha e pegou um pequeno pedaço de papel dobrado.

– Escrevi isso há mais de dois meses – disse. – Não tínhamos mais tabaco, então guardei-o aqui. – Entregando o papel a David, ele falou: – Não recordo direito o que escrevi. Acordei no meio da noite depois de um daqueles sonhos. As palavras que você encontrará neste papel estavam ecoando na minha cabeça claramente. Acendi o lampião, peguei uma pena e um tinteiro e coloquei-as no papel. Acredito que sejam para você.

– Obrigado – disse David, pegando o papel.

– O prazer é todo meu – respondeu Chamberlain. – Toda essa situação é muito estranha. Por sinal, como você vai fazer para ir embora daqui?

David ergueu o papel.

– Basta ler isso aqui – ele estalou os dedos – e... pronto.

Chamberlain olhou em volta. Ao ver o irmão Tom e vários outros homens se aproximando, pôs a mão no ombro de David e falou:

– Se é só isso que precisa fazer, irmão, então é melhor ler logo.

Fez menção de ir embora, mas virou-se novamente para David. Ainda segurava a bolsinha de tabaco. Estendendo-a, ofereceu-a a David.

– Não vou conseguir mais tabaco mesmo – disse Chamberlain.

Sem palavras, David aceitou o presente e observou o coronel se afastar. Tudo nele o impelia a aceitar o conselho de Chamberlain. *Leia o papel agora*, disse a si mesmo. *Caia fora daqui*. Mas algo o instigava a ficar, a ver.

Depositando o frágil pedaço de papel dentro da bolsinha de tabaco, David enfiou tudo no bolso da calça jeans e se aproximou do grupo de homens que cercava o coronel Chamberlain. O sargento

Tozier estava presente, o cabeça-dura que carregava o estandarte. Tozier tinha um chumaço grosso de pano enfiado em um buraco no ombro, onde fora atingido anteriormente.

– O 83º Regimento não vai nos ajudar – ele rosnou. – Foram trucidados. Tudo o que podem fazer é estender um pouco a linha. Estamos sendo massacrados pelo flanco.

– Nós não podemos estender a linha?

– Não temos nada para estender, Joshua – respondeu Tom, seu irmão. – Mais da metade dos nossos homens foi derrubada.

– Como estamos de munição?

– Já gastamos bastante.

– Eu sei que já gastamos bastante! O que quero saber é quanto nos resta.

– Vou conferir, senhor.

Enquanto Tom se afastava, eles ouviram a voz de um jovem soldado que subira em uma árvore:

– Estão se reagrupando, coronel. – Chamberlain ergueu os olhos e viu o garoto apontando colina abaixo. – Estão se reagrupando agora mesmo, e ganharam reforços. Tem mais gente desta vez.

– Senhor! – O sargento Ruel Thomas, sem fôlego, entrou aos tropeços no meio deles. – Coronel Chamberlain, senhor. Senhor... o coronel Vincent está morto.

– Tem certeza, sargento?

– Sim, senhor. Ele foi atingido logo no início do combate. Estávamos protegidos na frente pela brigada de Weed, mas agora Weed está morto. Eles transferiram a bateria de Hazlett para o topo. Hazlett também morreu.

Tom voltou correndo.

– Joshua – falou –, estamos sem munição. Um ou dois cartuchos por homem, no máximo. Alguns soldados não têm nada.

Chamberlain se virou para um homem magro à sua direita. Era o primeiro-sargento Ellis Spear.

– Spear – falou com tranqüilidade –, diga aos rapazes para pegarem munição dos feridos e mortos.

– Talvez devêssemos considerar bater em retirada, senhor – disse Spear com cautela.

– Nós *não* vamos bater em retirada – retrucou Chamberlain furiosamente. – Obedeçam minhas ordens.

– Coronel – pronunciou-se Tozier. – Senhor, não vamos conseguir contê-los mais uma vez. O senhor sabe que não.

– Joshua – era Tom novamente. – Eles estão vindo.

David ouvira o diálogo entre os oficiais, fascinado pelo horror da situação em que se encontravam, e, quando ouviu o grito dos rebeldes mais uma vez, seu sangue gelou nas veias. *Esperei demais para ler o papel*, pensou. *Agora não vou conseguir sair daqui*. Ao procurar a bolsinha de tabaco, uma calma o invadiu trazendo aquele estímulo familiar: espere, observe, ouça, aprenda.

Ele via perfeitamente Chamberlain de pé em cima do muro, os braços cruzados, os olhos fixos no inimigo que se aproximava. O sargento Spear voltara e estava aos pés do coronel. Tozier, Tom e outro tenente, um rapaz chamado Melcher, também se juntavam sob o muro. David estava a vários metros do grupo.

– Joshua! – gritou Tom. – Dê uma ordem!

Chamberlain permaneceu estóico. Imerso em pensamentos, avaliava às pressas a situação. *Não podemos bater em retirada*, disse a si mesmo. *Não podemos ficar aqui. Quando me vejo diante da escolha entre não fazer nada e fazer algo, sempre escolho agir. Sou uma pessoa de ação.* Dando as costas aos rebeldes, baixou os olhos para seus homens.

– Preparem as baionetas – disse.

A princípio ninguém se moveu. Simplesmente olharam para ele boquiabertos.

– Temos a vantagem de estarmos descendo a colina – disse Chamberlain. – Preparem as baionetas agora. Façam uma conversão à direita com todo o regimento. Girem para a esquerda primeiro.

O tenente Melcher se pronunciou. Estava confuso.

– Senhor – ele perguntou –, o que é uma conversão à direita? – Mas o coronel já tinha saltado das pedras.

Tozier respondeu à pergunta.

– Ele quer que nós ataquemos, filho. Uma "conversão à direita" é um ataque frontal.

David observou admirado Chamberlain desembainhar a espada, pular novamente em cima do muro e gritar:

– Baionetas! Baionetas! – Virando-se, o coronel apontou a lâmina diretamente para David e inclinou a cabeça. Então girou o corpo para encarar a esmagadora desvantagem numérica e cortou o ar com a espada. Com um poder nascido da integridade e do medo, o professor do Maine rugiu para os seus homens:

– Atacar! Atacar! Atacar!

E foi o que eles fizeram.

David correu até o muro, olhando colina abaixo. Ficou abismado ao ver as tropas confederadas se deterem. Quase imediatamente, os soldados deram meia-volta e fugiram. Alguns dos mais valentes esvaziaram seus rifles antes de largá-los e se juntarem aos demais. A pouco mais de 60 metros de onde se encontrava, David reconheceu Chamberlain. Estava com a mão esquerda no tronco de uma árvore e segurava na direita a espada cuja ponta tocava a clavícula de um oficial rebelde. As mãos do homem estavam erguidas. Era o fim.

David escalou as pedras e sentou-se. Recostado no muro, tirou a bolsinha do bolso. Enquanto olhava para além do declive, passou os dedos pela maciez sedosa do tecido. Aproximou-o do rosto e cheirou a mistura de terra, suor e tabaco velho. Desabotoando a aba, retirou a mensagem que Chamberlain tinha escrito. Com um último olhar colina abaixo e respirando fundo, David abriu a folha.

A TERCEIRA DECISÃO PARA O SUCESSO

Sou uma pessoa de ação

De hoje em diante, criarei um novo futuro, criando um novo eu. Deixarei de viver em um abismo de desespero, lamentando o tempo perdido e as oportunidades desperdiçadas. Não posso fazer nada em relação ao passado. Meu futuro é urgente. Irei agarrá-lo com as duas mãos e o conduzirei com diligência. Diante da escolha entre não fazer nada e fazer algo, sempre escolherei agir! Eu aproveito o momento. Escolho agora.

Sou uma pessoa de ação. Sou enérgico. Ajo depressa.

Sabendo que a preguiça é um pecado, criarei o hábito de ter um comportamento cheio de vitalidade. Andarei com passos rápidos e com um sorriso no rosto. O sangue que corre pelas minhas veias me impele para cima, em direção à atividade e às realizações. Riqueza e prosperidade se escondem dos preguiçosos, mas recompensas polpudas vêm ao encontro daqueles que agem rápido.

Sou uma pessoa de ação. Meu vigor inspira as pessoas ao meu redor. Sou um líder.

Liderar é agir. Para liderar é preciso andar para a frente. Muitos saem do caminho de uma pessoa que passa correndo; outros seguem o exemplo dela. Minha atividade criará uma onda de sucesso para as pessoas que seguirem meu exemplo. Minha atividade será constante. Isso me dará confiança na minha liderança. Como líder, tenho a capacidade de inspirar os demais a alcançarem a grandeza. É verdade: um exército de ovelhas liderado por um leão pode derrotar um exército de leões liderados por uma ovelha.

Sou uma pessoa de ação. Sou capaz de tomar uma decisão. Sou capaz de tomá-la agora.

Uma pessoa que não escolhe nem a esquerda nem a direita está fadada à mediocridade. Diante de uma decisão, muitos dizem que estão esperando por Deus. Porém, vejo que na maioria das vezes é

Deus que está esperando por mim. Ele me deu uma mente saudável capaz de reunir e discernir informações e a coragem para chegar a uma conclusão. Não sou um cão acuado, indeciso e medroso. Sou forte e meu caminho é claro. Pessoas de sucesso tomam decisões rapidamente e mudam de idéia devagar. Fracassados demoram a tomar decisões e mudam de idéia depressa. Minhas decisões são rápidas e me levam à vitória.

Sou uma pessoa de ação. Sou destemido. Sou corajoso.

O medo não tem mais espaço na minha vida. Deixei que o medo esmagasse o desejo de dar uma condição de vida melhor à minha família por muito tempo. Agora, nunca mais! Compreendi que o medo é uma ilusão, um impostor que jamais teve poder sobre mim! Não temo críticas, fofocas ou o disse-me-disse dos tolos, pois nada disso me atinge. Não temo o fracasso, pois para mim o fracasso é um mito. O fracasso existe apenas para aqueles que desistem. Eu não desisto.

Sou corajoso. Sou um líder. Aproveito o momento. Decido-me sem demora.

Sou uma pessoa de ação.

Seis

A náusea foi mais pronunciada daquela vez. Quando o muro de pedra desapareceu atrás das costas de David, ele sentiu imediatamente uma oscilação que o jogava para baixo, para cima e novamente para baixo. Cerrando os punhos e abaixando a cabeça, ficou imaginando quando o deslocamento acabaria. O enjôo era quase insuportável. Cuidadosamente, David abriu os olhos e compreendeu. O movimento que sentia não fazia parte da viagem; ela durara menos de um segundo. Ele estava em um barco.

Era noite, mas, apesar da escuridão, David conseguia ver a água sob a luz das estrelas. Sabia que estava no oceano, pois o cheiro salgado o fazia se lembrar de férias na praia com Ellen e Jenny. O movimento do barco passou a incomodá-lo menos e sua vista se ajustou ao ambiente. Tateando em volta, descobriu que estava sentado em cima do que parecia ser uma pilha grande de corda enrolada. Era mais grosseira e menos uniforme do que qualquer uma que usara na vida.

Tocá-la o fez lembrar que ainda estava com o papel de Chamberlain em uma das mãos e com a bolsinha de tabaco na outra. Agitado e um pouco surpreso com o fato de a bolsinha o ter acompanhado, David colocou rapidamente o papel dentro dela e fechou-a. Então se lembrou da página de Truman e do pergaminho de couro do rei Salomão. Retirando-os do bolso, juntou as duas primeiras mensagens à terceira e enfiou a bolsinha de volta no bolso do jeans.

Com cautela, levantou-se. Estava com o corpo rijo e um pouco doído, como se tivesse ficado muito tempo parado. Olhando para cima, viu uma lona – uma vela – e sorriu. Velejara com o pai quando criança. Lagos pequenos e barcos pequenos – nada daquele tamanho!

– Papai adoraria isto aqui – disse em voz alta. Então franziu o cenho. – Onde está você, papai? – sussurrou.

De repente David se sentiu muito sozinho e muito cansado. Afundando-se na pilha de cordas, recostou a cabeça e seus olhos se encheram de lágrimas. Será que veria Ellen novamente? Ou a filha, sua doce Jenny? No que estariam pensando naquele instante? Estavam assustadas? Felizes? Dez minutos se passaram... ou 100 anos?

❀

– Meu amigo! Pssst! Meu amigo! – David sentiu alguém puxar sua camisa e abriu os olhos. Ainda estava escuro, embora parecesse que tinha dormido por um bom tempo. – Meu amigo – um vulto sibilou com urgência –, por favor, venha comigo.

Depois de ser praticamente erguido à força, David seguiu a silhueta de um homem baixinho e atarracado que se desviava rapidamente de barris, cordas e mastros, seguindo o caminho até o centro do barco.

Lutando para ficar de pé, David quase tropeçou várias vezes até que, finalmente, o homem parou na base de um mastro. Era um mastro enorme, com um diâmetro que David não conseguiria cingir com os braços, e que se erguia na escuridão. Sustentava a vela mestra e estava coberto de cordas e ganchos. Sem olhar para David, o homem disse simplesmente "Para cima" e fez um gesto com a mão para que ele o seguisse.

O homem subiu tão depressa que desapareceu de vista numa questão de segundos. David se apressou para alcançá-lo, mas era como subir por uma teia de aranha. Logo em seguida, no entanto, sentiu a mão de alguém agarrar a parte de trás de sua camisa. O homenzinho era muito forte. Içou David para dentro de uma tina de madeira construída em volta do topo do mastro. Estavam no cesto da gávea.

O homem alisou a camisa de David na parte em que a agarrara e colocou as duas mãos nos ombros dele.

– Bem-vindo. Bem-vindo, meu amigo – disse baixinho, mas com entusiasmo. – É uma grande honra conhecê-lo. Seu nome é?...

– David, David Ponder.

– Ah, Señor Ponder. Posso chamá-lo de David?

– Sim, é claro.

– Excelente! Está com fome?

– Não, não muita. Eu...

– Ótimo! Temos pouca comida, e o pouco que *temos* está bichado! – David se encolheu. – Mas isso não é problema. Nossa viagem está quase acabando.

Apesar da escuridão, o reflexo das estrelas na água iluminava o cesto da gávea com um brilho tênue. David conseguia ver o homem com clareza. Tinha cabelos castanho-ruivos, muito encaracolados, que iam quase até os ombros. Usava um chapéu triangular de feltro bem na parte de trás da cabeça, a ponta da frente se projetando em direção ao céu. As demais roupas, com exceção de um resistente casaco de lona, estavam em frangalhos. As calças do homem tinham virado tiras de pano na altura dos calcanhares e os sapatos eram praticamente inexistentes – couro cru amarrado em volta dos pés.

– O senhor me permite perguntar o *seu* nome? – perguntou David.

– Ora, mas é claro. – O homem colocou uma das mãos na cabeça. – Que indelicadeza a minha! Sou o capitão Cólon. Capitão Cristóbal Colón, mestre do navio *Santa Maria*, às suas ordens. – Fez uma pequena mesura.

– Cólon? – perguntou David. – Colombo? O senhor é quem nós chamamos de Cristóvão Colombo?

– Sim. – O homem sorriu, um pouco confuso. – Seu espanhol é impecável. Eu imaginei, naturalmente...

David sorriu.

– Estou falando espanhol só hoje à noite.

Colombo entortou a cabeça, tentando compreender a graça que David via naquilo.

– Entendo – disse ele, embora David tivesse certeza de que ele não entendia. Batendo as palmas das mãos e esfregando-as vigorosamente, Colombo mudou de assunto. – Independentemente do que você esteja fazendo – disse –, a noite vai acabar logo. O sol se juntará a nós dentro em breve.

O embalo da nau era mais forte na gávea, mas, fora isso, David se sentia seguro, quase confortável. Daquela altura, podia ver que o barco não era tão grande se comparado à vastidão do mar em que navegava. Com menos de 60 metros de comprimento, o *Santa Maria* rangia e gemia com o rolar das ondas tranqüilas. Olhando para trás da embarcação, David mal conseguia enxergar os vultos de outros dois barcos flanqueando o líder de ambos os lados.

– *Niña* e *Pinta?* – perguntou David.

– Ora, isso mesmo – respondeu Colombo. – Os dois são navios fortes, embora não tão luxuosos quanto este. – Apontou para o convés do *Santa Maria*.

David conteve um sorriso.

– O senhor sabe onde está? – perguntou.

– Com certeza – disse Colombo, sorridente. – Estou bem aqui! E *você*, sabe?

David olhou em volta.

– No Atlântico?

– Ótimo! Ótimo! – disse Colombo, batendo nas costas de David. – Você é um excelente navegador.

David ficou um tanto confuso e bastante apreensivo. Perguntou outra vez:

– O senhor não sabe *mesmo* onde está?

– Isto tem alguma coisa a ver com o que posso alcançar? – perguntou Colombo em resposta.

– Não entendo.

– Ouço variantes dessa mesma pergunta desde criança – começou a falar Colombo. – Você sabe onde está? Você sabe *o que* você é? Colombo, você não tem instrução. Colombo, você é pobre. Você é filho de um tecelão! O que sabe sobre o mar? – Ele balançou a cabeça com repugnância. – "Você sabe onde está?" é uma pergunta que não me afeta de forma alguma! Já "Você sabe para onde está indo?" é uma pergunta a que posso responder! Então pergunte-me isso.

– Perdão? Perguntar para o senhor...?

– Pergunte-me: "O senhor sabe para onde está indo?" Pergunte!

– Tudo bem. – David deu de ombros. – O senhor sabe para onde está indo?

Os dois homens haviam conversado em um tom baixo e comedido durante os poucos minutos que passaram no cesto da gávea. Porém, naquele instante, Colombo ouviu a pergunta que estava esperando. Vociferou então a resposta. Espalhando-se pela água, a voz dele parecia a de um Deus. Jogando os braços para a frente, apontando para o céu ocidental, gritou:

– Sim! Sim! Eu *sei* para onde estou indo! Estou indo para um novo mundo!

Arrepios subiram pela coluna de David enquanto ele observava o explorador apontar para a escuridão. Por um instante, os dois se calaram. Pigarreando, David quebrou o silêncio.

– Há quanto tempo o senhor deixou a Espanha? – perguntou.

– Sessenta e quatro dias – respondeu Colombo, baixando o braço –, e hoje encontraremos terra. Olhe para trás. – David se virou e viu um brilho no céu oriental. – O dia vai nascer logo. Quando nascer, você verá terra bem em frente ao *Santa Maria*. Uma terra bela, com árvores, frutas, animais e pessoas que nos receberão como heróis. A água que jorrará do solo será fresca e pura. Brilhará como se estivesse cravejada de diamantes! Será um lugar em que os sonhos dos homens poderão se realizar: um novo mundo reivindicado por Cristóvão Colombo em nome do rei Fernando e da rainha Isabel!

David se inclinou para a frente e colocou as mãos na borda do cesto da gávea.

– Você se refere ao rei Fernando e à rainha Isabel de Espanha, certo? – perguntou. Colombo assentiu.

– Foram eles que financiaram esta expedição. O rei João de Portugal, *meu* rei, disse não a essa grande oportunidade, assim como os reis e rainhas de muitos outros países. Dezenove anos, meu amigo. Suportei durante 19 anos a agonia da humilhação pública por causa de minhas convicções.

– Quais convicções? – perguntou David.

– A convicção... – disse Colombo, erguendo a voz – não, a certeza absoluta de que posso estabelecer uma nova rota comercial viajando para o oeste. Para o oeste!

Colombo agarrou David pelos ombros e o sacudiu, falando:

– Meu amigo! O mundo é uma esfera! Não é plano! Estamos *dando a volta* na Terra, na superfície lisa de uma esfera. Não vamos cair de um precipício imaginário!

– O senhor é a única pessoa que pensa assim? – perguntou David.

– No momento, sou – disse Colombo –, mas isso não me importa nem um pouco. A verdade é a verdade. Se mil pessoas acreditarem em algo que é uma tolice, esse algo continua sendo uma tolice! A verdade nunca depende do consenso. Descobri que é melhor estar sozinho e agir de acordo com a verdade do meu coração do que seguir um bando de idiotas condenados à mediocridade.

– O senhor diz que não se importa nem um pouco – falou David. – Não se importa que as pessoas pensem que o senhor é... bem... louco?

– Meu amigo – disse Colombo sorrindo –, se você se importar com o que as pessoas pensam, terá mais confiança na opinião delas do que na sua. Pobre do homem cujo futuro depende da opinião e da permissão dos outros. Lembre-se disto: se temer a crítica, morrerá sem ter feito nada.

David fechou o semblante.

– Mas, com tantas pessoas contra o senhor – perguntou –, como conseguiu começar?

– Começo e fim são os dois extremos de uma jornada e necessitam de uma demonstração de paixão – refletiu Colombo. David olhou confuso para o grande homem. – A paixão é produto do coração. A paixão o ajuda quando você tem um grande sonho. Paixão gera convicção e transforma mediocridade em excelência! A sua paixão motivará outras pessoas a se unirem a você na busca pelo seu sonho. Com paixão, é possível vencer obstáculos intransponíveis. Ninguém poderá detê-lo!

David começou a fazer outra pergunta, mas Colombo ergueu a mão para silenciá-lo.

– Por favor, amigo – disse. – Fique em silêncio um instante.

David obedeceu e seguiu o olhar de Colombo em direção ao céu ocidental. O sol começara a nascer no horizonte às suas costas, esparramando brilho sobre quilômetros de mar aberto. Colombo olhou para a frente, concentrando-se com toda a força no horizonte. Ficou um minuto inteiro sem se mexer. Dois minutos... até chegar a dez. Apenas os olhos se moviam examinando a linha onde a água tocava o céu.

Depois de quase meia hora, Colombo endireitou as costas e esfregou os olhos.

– Nada? – David perguntou baixinho.

– Sim, alguma coisa – respondeu Colombo.

– O quê? – David olhou em volta, confuso. – O senhor viu terra?

– Sim – disse simplesmente o grande homem.

David franziu o cenho, tentando enxergar o que Colombo dissera ter visto.

– Aponte-a para mim, por favor.

– Señor Ponder – disse Colombo. – Está olhando na direção errada. Hoje não encontrará terra olhando pela proa do meu navio. Irá vê-la apenas nos meus olhos.

David se virou. Sentia-se enganado.

– Então não há terra – falou com indignação.

– Sim, há terra – respondeu Colombo –, e está bem aqui. – Voltou a gesticular para além da proa do navio. – Vejo-a tão claramente quanto vejo você. Eu a vejo há quase 20 anos. E, amanhã, você a verá também. Aparecerá logo depois da aurora, bem em frente ao *Santa Maria*. Uma terra bela, com árvores, frutas, animais e pessoas que nos receberão como heróis. A água que jorrará do solo será fresca e pura. Brilhará como se estivesse cravejada de diamantes! Será um lugar em que os sonhos dos homens poderão se realizar: um novo mundo reivindicado por Cristóvão Colombo em nome do rei Fernando e da rainha Isabel!

Por um breve instante, David não respirou. Seu cabelo esvoaçou na brisa constante enquanto olhava fundo nos olhos do homem diante de si. Enxergou neles a paixão e a fé que impulsionaram aquela viagem predestinada. *Imagine o que eu poderia alcançar*, pensou David, *se tivesse um espírito tão poderoso quanto este!*

– El Capitán!

David pestanejou. O feitiço foi quebrado por uma voz que chamava lá de baixo.

– El Capitán, senhor!

Os dois olharam por cima da borda do cesto da gávea. Logo abaixo deles havia quatro homens. Chamaram Colombo com um gesto.

Colombo franziu os lábios e suspirou.

– Problemas? – perguntou David.

Passando a perna por sobre a beirada da tina de madeira, Colombo respondeu:

– Com toda a certeza. São meus oficiais.

David desceu pelo cordame, esforçando-se ao máximo para acompanhar a descida veloz do marinheiro. Quando finalmente chegou ao convés do *Santa Maria*, os ânimos estavam exaltados. O primeiro oficial, embora vestido exatamente como o capitão, era alto e musculoso. Seu cabelo longo e negro tinha sido preso em um rabo-de-cavalo e jogado por sobre o ombro, descendo pela frente da camisa. Como os outros três homens, estava de barba feita. Na liderança do motim contra seu líder, o primeiro oficial Juan Garson assumiu a palavra:

– Os seus oficiais estão de acordo, El Capitán. Esta viagem chegou ao fim! É hora de retornarmos.

Colombo olhou para os homens e disse:

– Mas estamos quase chegando! A parte mais difícil da viagem ficou para trás! Amanhã veremos terra. Será uma terra bela, com árvores, frutas...

– Basta! – exclamou Juan Garson. – Já ouvimos esta ladainha por muitas semanas. O senhor deve reconhecer que os homens já chegaram ao limite.

Colombo sorriu com obstinação.

– Vejo homens que não sabem aonde podem chegar.

Juan Garson fechou os olhos por um instante, como para se conter.

– Senhor! Os seus oficiais decidiram retornar. Estamos exaustos.

Garson e os demais homens fizeram menção de partir, mas foram impedidos pela voz retumbante do capitão.

– Cavalheiros! – exclamou Colombo. Os oficiais se detiveram e o encararam. – Cavalheiros – disse ele, mais baixo dessa vez –, permitam-me recordá-los que temos menos de 10 dias de comida nas nossas despensas. Reverter o curso seria uma tolice. Não significa apenas fracasso, mas, sem dúvida, a morte também. Em nome de Deus, homens, peço-lhes que reflitam! Estamos no mar há 64 dias! Para que porto vocês retornarão? Nosso único curso é adiante! Nossa única esperança é prosseguir!

Os homens ficaram parados, cabisbaixos. Pareciam não só frustrados como também no fim das suas forças. Garson voltou a falar, desta vez com brandura:

– Isto é realista, Capitán? Encontraremos terra?

Colombo deu um passo à frente e colocou o braço em volta dos ombros do homem mais alto.

– Se é realista, Garson? Eu diria a você que não, porém nada de grandioso foi conquistado por pessoas realistas! Encontraremos terra? Sim! Sim! Encontraremos terra, mas esta será a menor das *suas* descobertas. – Colombo apontou para o peito do primeiro oficial. – Você encontrará um coração destinado ao sucesso, um coração cuja existência ignorava. Encontrará um Juan Garson capaz de liderar homens para novos mundos que serão deles! Você encontrará... grandeza!

Garson se empertigou e respirou fundo.

– Perdoe minha insolência, El Capitán, eu...

– Está perdoado – disse Colombo, dispensando-o com um gesto. – Vá, Juan Garson. Lidere seus homens... e tenha fé.

À medida que os oficiais partiam, Colombo se encaminhou de volta ao cesto da gávea. David o seguiu, achando a subida mais fácil dessa vez, por causa da luz do dia. Mesmo assim, Colombo o puxou novamente para dentro do cesto pela parte de trás da camisa.

Recuperando o fôlego, David observou Colombo recostar no mastro e fincar os olhos no horizonte ocidental.

– Posso fazer uma pergunta? – disse David baixinho.

– Com certeza – respondeu Colombo.

– O que o senhor quis dizer lá embaixo quando disse ao oficial que ele encontraria um coração fadado ao sucesso?

Colombo inspirou e expirou lentamente antes de responder.

– A maioria das pessoas fracassa nas coisas que tenta fazer por causa de um coração indeciso. Será que devo? Será que não devo? Ir adiante? Voltar atrás? O sucesso exige o equilíbrio emocional de um coração decidido. Diante de um desafio, o coração decidido busca uma solução. O coração indeciso foge.

Colombo pigarreou, tossindo um pouco, e prosseguiu:

– Um coração decidido não espera as condições ideais. Por quê? Porque as condições *nunca* são ideais. A indecisão impede o Todo-Poderoso de operar milagres na sua vida. Ele lhe concedeu a visão... vá em frente! Esperar, reconsiderar, duvidar, ser indeciso é o mesmo que desobedecer a Deus.

Sem tirar os olhos da água, Colombo enfiou a mão dentro do casaco e retirou um pergaminho.

– Para você – disse apenas. Desdobrando-o, ele o entregou a David.

David pegou o papel amarelado, olhou para ele por um instante e falou:

– O senhor *vai* encontrar seu novo mundo.

Colombo, ainda olhando para a frente, disse baixinho:

– Eu sei.

David sorriu e balançou a cabeça, admirado.

– Como sabe? – perguntou.

Colombo virou-se e olhou para David.

– Tenho um coração decidido – disse, e virou-se de volta.

David ficou calado por um instante. Sentiu a mais pura reverência por aquele homem que não sabia nada, mas que, ainda assim, parecia saber tudo. Abriu a boca para falar novamente.

– Mas como...

– Señor Ponder – interrompeu-o Colombo, passando o braço pelos ombros de David. – É hora de você ler a mensagem que lhe dei. Analise-a com atenção, pois nas palavras irá encontrar um coração fadado ao sucesso, um coração cuja existência *você* ignorava. Encontrará um David Ponder que será capaz de liderar homens para novos mundos que serão *deles*. Irá encontrar grandeza. – E, com essas palavras, o grande explorador Cristóvão Colombo abraçou David e o beijou nas duas faces. – Leia – repetiu sorrindo. – Estou muito ocupado.

David o observou seguir lentamente para a beirada do cesto da gávea, pousar os cotovelos na borda e olhar mais uma vez para o oeste. O vento mudou de direção e fez o pergaminho em sua mão tremular. Sentando-se, David recostou na lateral do cesto e apoiou os pés no mastro. Dando uma última olhada no homem que escrevera as palavras, ele leu.

A QUARTA DECISÃO PARA O SUCESSO

Tenho um coração decidido

Um sábio falou certa vez: "Uma jornada de mil quilômetros começa com um passo." Sabendo que isso é verdade, darei o primeiro passo hoje. Deixei que meus pés hesitassem tempo demais, arrastando-se da esquerda para a direita, seguindo mais para trás do que para a frente, enquanto meu coração calculava a direção do vento. Críticas, condenações e lamúrias são criaturas do vento. Elas vêm e vão nas palavras vazias de seres inferiores e não têm poder sobre mim. O poder de controlar o caminho que vou seguir é meu. Começarei hoje a exercitar esse poder. Minha rota já foi traçada. Meu destino é certo.

Tenho um coração decidido. Minha visão de futuro é apaixonada.

Todas as manhãs acordarei entusiasmado diante do novo dia e da oportunidade de crescimento e mudança que ele traz. Meus pensamentos e ações apontarão para a frente, jamais caindo na floresta negra da dúvida ou na areia movediça da autocomiseração. Revelarei de bom grado minha visão de futuro para outras pessoas, e, quando elas virem a crença em meus olhos, irão me seguir.

Deitarei a cabeça no travesseiro à noite com um cansaço satisfeito sabendo que fiz o máximo que podia para mover as montanhas no meu caminho. Durante o sono, o mesmo sonho que domina minhas horas de vigília estará comigo no escuro. Sim, eu tenho um sonho. É um sonho grandioso, e jamais pedirei desculpas por ele. Tampouco o abandonarei, pois, se o fizesse, minha vida terminaria. Minhas esperanças, minhas paixões, minha visão de futuro são minha essência. Uma pessoa sem sonhos jamais verá um desejo se tornar realidade.

Tenho um coração decidido. Não esperarei.

Sei que o objetivo de uma análise é chegar a uma conclusão. Testei os ângulos. Calculei as probabilidades. E decidi com o coração. Não sou inseguro. Agirei sem demora e não olharei para trás. As coisas que adio para amanhã adio também para depois de amanhã. Não protelarei. Todos os meus problemas se tornam menores quando os enfrento. Se tocar uma planta espinhosa com cuidado, ela me espetará; porém, se a segurar com confiança, os espinhos se despedaçarão.

Não esperarei. Minha visão de futuro é apaixonada. Minha rota já foi traçada. Meu destino é certo.

Tenho um coração decidido.

Sete

David sentiu a oscilação do *Santa Maria* ao erguer os olhos do pergaminho. Colombo se virou para olhar enquanto David se levantava e já não estava mais no cesto da gávea, mas aparentemente tinha os pés fincados em pleno ar, afastando-se do navio a uma velocidade crescente. Colombo sorriu e ergueu a mão. David fez o mesmo e deu uma arrancada tão violenta que sua visão registrou mil imagens de Colombo, à medida que o *Santa Maria* se esticava como pontos de luz na cauda de um cometa.

No instante seguinte, David estava em uma sala pequena. O ar cheirava fortemente a mofo com um leve traço de sabão. A única luz vinha de uma lâmpada presa no teto por um fio. David contou rapidamente sete pessoas a uma distância de vários passos. Franziu as sobrancelhas. Incrivelmente, elas estavam imóveis. Um homem e uma mulher sentavam-se a uma pequena mesa. Dois adolescentes, um menino e uma menina, estavam esparramados no chão, com um jogo de cartas interrompido entre eles, e os demais, dois homens e uma mulher, pareciam ter parado no meio de um passo. Todos tinham uma expressão aterrorizada.

David ouviu batidas fortes na parede às suas costas e vozes abafadas de homens. Quando se virou para olhar, notou uma menininha que não tinha visto antes. Era magra, de rosto anguloso, cabelos negros ondulados e olhos tão pretos que chegavam a brilhar. Parecia ter uns 12 ou 13 anos e usava um vestido de algodão azul desbotado que combinava com a sala sombria.

David compreendeu por que não a vira antes. A garota estava bem ao seu lado, tão perto que ele literalmente olhara por cima dela. David notou que a menina também estava parada, mas, assim que a olhou nos olhos, ela ergueu um dedo lentamente até os lábios.

As batidas pareciam obedecer a um padrão: primeiro bem no alto da parede, depois no meio e, por fim, perto do chão. Então as vozes abafadas seguiam para a direita e as batidas recomeçavam. Alto, meio, embaixo. Durante quase cinco minutos, David continuou parado ouvindo os sons do outro lado da parede.

De repente uma das vozes começou a gritar algo ininteligível e ouviram-se várias pessoas correndo. Nesse momento, a mulher sentada à mesa estendeu o braço para pegar a mão do marido. Os dois fecharam os olhos. Exceto pela menininha levando o dedo aos lábios, aquele foi o único movimento que David viu qualquer um dos sete fazer.

Depois do que pareceu uma eternidade, as batidas pararam. Já não havia mais correria ou vozes, apenas o silêncio tenso da salinha. E todos continuavam parados. Durante um minuto inteiro, e então dois. Por fim, o homem à mesa inspirou fundo e soltou o ar ruidosamente.

– *Het is oke nu allemall* – disse ele baixinho. – Está tudo bem agora, gente.

Ao ouvirem isso, as pessoas na sala balançaram as cabeças e começaram a conversar em voz baixa.

– Parece que esta foi perto – disse o adolescente que estava no chão. – Se eles tivessem cachorros... – Deixou o pensamento no ar, sem terminar a frase.

Uma mulher alta, com o cabelo firmemente preso em um coque, começou a chorar baixinho.

– Ora, Petronella – disse o marido, envolvendo-a nos braços. – Estamos seguros. Shhh, calma. – Virou-se para o menino e disse com firmeza: – Peter, chega de falar sobre o que poderia ter acontecido. Vejo que você perturbou a sua mãe e todos os outros. Não quero mais ouvir falar de cachorros.

– Eu só estava dizendo... – começou Peter.

– Justamente – interrompeu o homem –, e eu estava dizendo que chega!

David observou o homem conduzir a esposa para um quarto estreito à esquerda. Antes que a porta se fechasse, viu um colchão estendido no chão e uma pilha de revistas sobre estrelas de cinema. A menininha levou David gentilmente para um canto e sussurrou:

– Fique aqui por enquanto, mas, quando eu sair da sala, siga-me.

Ela foi em direção ao casal que estava sentado à mesa. O homem parecia cansado, mas, embora suas roupas estivessem surradas, tinha a barba feita, com exceção do bigode. O pouco cabelo que lhe restava estava bem penteado. Parecia um cavalheiro muito distinto. A mulher sentada à frente dele, com o cabelo em um coque como o da outra, era de uma palidez mórbida, como se tivesse se recuperado havia pouco de alguma doença. Não obstante, ela sorriu quando a garota se aproximou.

– Papai – disse a menina. – Posso ir lá para cima?

O homem sorriu.

– É hora de ficar sozinha de novo?

– Sim, papai.

– Então pode ir – disse ele. Ela lançou um olhar para David e caminhou decididamente até uma escada nos fundos da sala. Ao vê-la chegar aos degraus, o pai voltou a falar, o sorriso desaparecendo: – Anne. – Ela parou e girou o corpo. – Fique longe da janela.

– Sim, papai – a menina assentiu e, sem fazer barulho, subiu as escadas, saindo de vista.

David a seguiu depressa, tomando cuidado para não topar com nenhuma das pessoas no caminho. Ao subir os degraus, viu a garota fazendo gestos para que ele se apressasse. A escada parecia acabar no teto, porém, como David logo viu, havia um alçapão que servia de entrada para o sótão.

Assim que entraram, a garota voltou a fechar o alçapão e disse:

– Estou tão feliz em conhecer o senhor que mal consigo respirar! – Bateu palminhas rápidas, mas fracas. – Empolgante, não é?

– É – respondeu David, sorrindo com o entusiasmo dela. Olhou em volta. Não havia mobília alguma e nada guardado em caixas naquele sótão, apenas pó e sujeira. – Acho que *empolgante* é uma boa palavra.

– Estava esperando o senhor, sabia? – disse ela. – Fiquei sabendo em um sonho. Sei até o seu nome. Sr. Ponder. Escrevi um bilhete para o senhor hoje de manhã. Quer que eu pegue agora?

– Não, não – riu David. – Vá com calma. Estou em desvantagem. Nem sei que lugar é este!

– O senhor está em Amsterdã – disse a menina. Pegou a mão de David e o puxou em direção à janela. – Venha – falou com um pequeno sorriso. – Vou lhe mostrar a cidade.

Do outro lado do sótão vazio havia uma janela grande com nove vidraças. Três eram separadas das outras seis por uma coluna de tijolos. A janela propriamente dita estava suja, quase tão marrom quanto o sótão.

– Esta não é a janela – perguntou David – da qual seu pai mandou você ficar longe?

– É, é – ela disse, assentindo –, mas não tem problema se eu olhar pelo cantinho. – Depois de falar isso, ficou de gatinhas e exclamou com impaciência: – O senhor também, venha cá.

David se pôs de quatro e seguiu a menina até a beirada da janela, onde ela o esperava sob o parapeito. Quando a alcançou, virou-se para sentar no chão, recostado na parede. Ela se sentou com as pernas dobradas sob o corpo e apoiou o ombro direito contra o reboco sujo. Ajeitando-se em uma posição mais confortável, David falou:

– Ouvi seu pai chamá-la de Anne.

– Isso – ela respondeu. – E o nome da minha irmã é Margot. Ela é muito quieta. Era ela quem estava jogando cartas com o garoto lá embaixo. O nome dele é Peter. Peter Van Daan.

– Qual é o seu sobrenome? – perguntou David.

– Frank – ela disse simplesmente. – O nome do meu pai é Otto, e minha mãe é Edith. Os pais de Peter são o Sr. Herman e a Sra. Petronella. Foi ela quem chorou, mas ela sempre chora. O outro homem que o senhor viu era o Dr. Dussel. O senhor o viu, não viu? Ele estava sentado no chão perto da porta do meu quarto, mas é claro que o senhor não sabe qual dos quartos é o meu, então talvez não o tenha visto. De qualquer forma, ele não é um doutor de verdade. É dentista...

David não sabia ao certo por quanto tempo Anne falara. Não estava prestando muita atenção. A mente dele era um turbilhão de pensamentos e emoções. *Anne Frank*, pensou. *Anne Frank! Esta é a garotinha cujo diário li no ginásio.*

– ...então Peter o trouxe com a gente – prosseguiu Anne, ignorando a expressão perplexa do convidado. – Mouschi é maravilhoso, embora não seja tão carinhoso quanto o meu gatinho querido que está doente em casa. Mouschi é preto feito carvão.

Estou no anexo, pensou David. O anexo, ele sabia, era um lugar secreto que consistia em várias salas ligadas aos fundos de um armazém. Anne e sua família eram judeus holandeses escondidos durante a ocupação nazista na Holanda.

– ...o senhor não acha? – disse Anne encarando David, obviamente à espera de uma resposta.

David foi pego de surpresa pela pausa na tagarelice da menina. Estava tão imerso em pensamentos sobre o lugar onde se encontrava que tinha parado de prestar atenção.

– Desculpe. O que você disse? – perguntou, constrangido.

– Eu perguntei – respondeu lentamente Anne – se o senhor não acha que Peter é muito bonito.

– Peter? – David franziu as sobrancelhas. – Ah, o menino lá embaixo. Sim, ele é!

– Às vezes eu deixo que ele me beije. Na bochecha, é claro.

– É claro – repetiu David com seriedade. – Anne – ele falou, numa tentativa de mudar de assunto –, há quanto tempo você está aqui?

– Um ano e quatro meses – ela respondeu depressa.

– Você sabe que dia é hoje?

– Certamente. Hoje é quinta-feira, 28 de outubro de 1943. Nós nos escondemos no ano passado, no primeiro domingo de julho. Era dia 15. – Anne ergueu os olhos para a janela. – Faz muito tempo que nenhum de nós sai.

– Como vocês conseguem comida aqui?

– Miep.

– Quem é?

– Miep é a secretária do papai. Ela ainda vem trabalhar no armazém todos os dias. Depois do expediente, ela e o marido, Hank, arrastam a estante na sala de contabilidade e entram pela porta que fica atrás dela.

– Anne – disse David. – Quando eu cheguei...

– Ah, sim – atalhou Anne –, foi tão assustador! O senhor apareceu bem na minha frente e só eu podia vê-lo! O senhor já tinha feito isso antes? Dói?

David sorriu, apesar da irritação por ter sido interrompido. Achava que podia entender o entusiasmo dela. Afinal de contas, devia ser empolgante ter alguém novo para conversar depois de 16 meses.

– Sim, já fiz aquilo antes, e não, não dói. – David esticou a mão para tocar o braço dela ao tentar repetir a pergunta. – Anne, quando eu cheguei, o que, ou quem, estava batendo nas paredes?

– Soldados nazistas – respondeu Anne. – Papai os chama de Gestapo. Ele diz que eles se vestem de preto. Esta foi a segunda vez que vieram. Ficamos quietos e eles vão embora. – Ela se virou e ajoelhou-se, erguendo-se com cuidado para colocar um olho no canto da janela. – Se você fizer assim, dá para ver Amsterdã quase inteira.

David se ergueu e olhou pelo outro canto. À esquerda, ele viu uma enorme castanheira de quase 30 metros de altura que jogava sua última sombra do dia na janela do sótão. Uma torre de relógio erguia-se majestosamente do outro lado da rua. Seus pináculos e frontões eram o bibelô da cidade.

– Aquele é o Westerkerk – disse Anne, referindo-se ao relógio. – Dá para deitar aqui e ver os ponteiros se mexerem. – Anne se deitou de costas no chão. – Deite-se e veja.

David se deitou ao lado da menina e olhou para cima. Lá, emoldurado na janela, estava o lado do relógio da torre Westerkerk. Ele notou que eram quase seis da tarde. David olhou para Anne, que fitava com atenção o relógio, e pensou na própria filha. Jenny e Anne, tinham quase a mesma idade. Tentou imaginar Jenny naquela situação. O que ela faria? Como reagiria? Ou, pensando bem, como ele reagiria?

– Em que está pensando? – perguntou David com brandura.

– No relógio – disse Anne. – Às vezes quero que ele acelere, outras vezes imploro que vá mais devagar. Mas ele nunca me ouve. A velocidade é sempre a mesma.

David levou um susto quando apitos e vozes altas e iradas arruinaram o silêncio da rua quatro andares abaixo. Sem se mexer, Anne continuou olhando o relógio.

– O que está acontecendo? – perguntou David.

– É um ataque – respondeu Anne sem emoção. – Eles estão prendendo os judeus. Fico pensando nos meus amigos. Não sei o que aconteceu com nenhum deles. – Ela ficou calada, pensativa, por vários segundos. David não falou nada. Então ela o encarou e disse: – Todo mundo está sendo levado para os campos. Você sabia? Os alemães dizem que os judeus estão trabalhando e vivendo com conforto, mas isso não é verdade.

David escolheu as palavras com cuidado.

– Como você sabe disso?

Anne deu de ombros.

– Todos nós sabemos – ela falou. – As cartas são censuradas, é claro, mas, às vezes, a verdade surge. Miep recebeu um cartão de um amigo que dizia que a comida era boa e as condições excelentes, mas, no fim da mensagem, ele escreveu: "Mande lembranças minhas para Ellen de Groot." – Anne fez uma pausa. – Essas palavras estavam em holandês, é óbvio. Os censores alemães não sabiam que *ellende* significa "miséria". *Groot* significa "terrível". Ele quis transmitir uma mensagem de miséria terrível.

O relógio da torre Westerkerk começou a soar. Seis vezes o badalo martelou as horas na beirada do sino maciço. A menos de 20 metros de distância, Anne simplesmente colocou as mãos sobre as orelhas e sorriu para David, que quase morrera de susto quando o sino começou a soar.

– É só um pouquinho alto – falou Anne, rindo do próprio eufemismo.

David sorriu.

– Que bom que você acha engraçado – ele disse. – Achei que minha cabeça fosse explodir! Como você consegue dormir com essa coisa batendo dia e noite?

– Na verdade – disse Anne –, a gente nem percebe mais. A Sra. Petronella é a única que ainda se queixa. Papai diz que o relógio é bom para ela porque dá motivo para reclamação a cada hora, pontualmente!

David gargalhou.

– E você? – perguntou. – Do que reclama?

– Eu não reclamo – disse Anne. – Papai diz que reclamar é uma atividade, igual a pular corda ou ouvir rádio. Podemos escolher ligar o rádio e podemos escolher não ligar o rádio. Podemos escolher reclamar e podemos escolher não reclamar. Eu prefiro não reclamar.

David olhou para aquela garotinha sincera por um instante e então disse:

– Não quero fazer pouco do que seu pai lhe ensinou, mas você já olhou à sua volta? Essas condições são precárias para qualquer pessoa, quanto mais para uma garota da sua idade. Como você consegue *não* reclamar?

Anne entortou a cabeça para um lado como se estivesse com dificuldade de entender. Tirando um cacho de cabelo de cima do olho, falou com paciência:

– A vida é feita de escolhas, Sr. Ponder. Primeiro fazemos as escolhas, depois nossas escolhas nos fazem. O senhor falou de condições precárias. Sim, uma pessoa ingrata poderia considerar este lugar pequeno demais para oito pessoas, a comida muito pouca, e só três vestidos para duas meninas dividirem. Mas sentir gratidão também é uma questão de escolha. Vivemos em um anexo que esconde oito pessoas, mas as outras estão sendo levadas embora em vagões de trem. A comida talvez seja pouca, mas é arranjada generosamente por Miep, graças aos cartões de ração que sua família destina a nós. Minha irmã e eu temos um vestido sobressalente, enquanto outros não têm nada. Prefiro me sentir grata. Prefiro não reclamar.

David ficou impressionado com o autocontrole de Anne. Enfiou uma perna debaixo da outra, cruzando-as, e balançou a cabeça, como se quisesse limpar as teias de aranha.

– Você está me dizendo, honestamente, que está sempre de bom humor?

Anne dobrou as pernas para imitar a maneira como David estava sentado. Enquanto jogava o vestido sobre os joelhos, ela riu.

– É claro que não, seu bobo! Mas, mesmo quando estou de mau humor, escolho imediatamente ficar feliz. Na verdade, é a primeira escolha que faço todos os dias. Digo em voz alta para o espelho: "Hoje, eu escolho ser feliz!" Sorrio para ele e rio, mesmo se estiver triste. Digo simplesmente: "Rá, rá, rá, rá!" E, logo, logo, estou feliz, exatamente como escolhi ficar.

David balançava a cabeça, impressionado.

– Você é uma menininha muito especial, Anne.

– Obrigada – disse a menina. – Isso também é uma escolha.

David se inclinou para a frente.

– É mesmo? – ele indagou, com as sobrancelhas erguidas. – Agora você me pegou. Explique.

– Minha vida, minha personalidade, meus hábitos, até mesmo as coisas que eu digo, tudo é uma combinação dos livros que escolho ler, das pessoas que escolho escutar e dos pensamentos que escolho tolerar na minha cabeça. Antes da guerra, quando eu era menor, meu pai me levou para o Het Vondel Park numa tarde de sábado para assistir a uma orquestra tocar. No fim do concerto, vi uma centena de balões de gás vermelhos, azuis, amarelos e verdes saírem de trás dos músicos e subirem até o céu. Foi tão emocionante! Agarrei o braço de papai e perguntei: "Papai, qual vai ser a cor do balão que vai subir mais alto?" E ele me respondeu: "Anne, a cor do balão não importa. É o que está dentro que faz toda a diferença."

Por um instante, Anne se calou e o sótão ficou em silêncio. Ela parecia tão imersa em seus pensamentos que David mal respirava. Então ela olhou bem nos olhos dele, ergueu o queixo e disse:

– Sr. Ponder, não acredito que ser judeu, ariano ou africano tenha a mínima influência no que a pessoa pode vir a se tornar. A grandeza não se importa se você é uma menina ou um menino. Na verdade, se o que faz toda a diferença é o que está dentro de nós, então a diferença acontece quando escolhemos o que deve entrar.

Anne se virou e voltou a olhar em direção ao relógio. David não notara a escuridão que havia tomado conta do sótão, mas agora percebia que apenas o brilho da luz da torre Westerkerk o deixava enxergar o rosto de Anne.

– Tenho que me aprontar logo para a janta – disse ela. – Venha comigo até meu quarto. Escrevi uma coisa para o senhor.

David seguiu Anne através do alçapão do sótão, de volta para a sala de estar.

– O jantar está quase servido, querida – disse a mãe quando os dois passaram. – Mais cinco minutinhos.

Anne guiou David até uma porta que ficava à direita da escada. Quando eles entraram e fecharam a porta, David viu que o quarto não era maior do que um armário. Havia um pequeno colchão no chão com duas pilhas de livros ao lado do único travesseiro.

– Margot e eu dividimos este quarto – disse Anne. – É muito apertado, mas respeitamos a privacidade uma da outra.

David não entendia como alguém conseguiria ter o mínimo de privacidade naquele quarto minúsculo. Um vestido branco simples estava pendurado na parede ao pé da cama. Na bainha, nas mangas e no colarinho havia florzinhas vermelhas bordadas. Sobre a cabeceira, fotos recortadas de revistas e jornais coladas na parede. Apontando para a coleção, David perguntou:

– Estas são suas ou da sua irmã?

– São minhas – sorriu Anne. – Bonitas, não é?

David olhou mais de perto. Havia uma fotografia de Greta Garbo e outra de Ginger Rogers. A cabeça do *Davi* de Michelangelo estava sobre a foto de uma casa no campo. À esquerda, uma gravura em preto-e-branco de uma flor que alguém colorira de rosa e uma imagem grande de chimpanzés tomando chá. Além de fotos de bebês bonitos e fofinhos espalhadas por toda a parede.

– Sim, são lindas – falou David. – O que elas representam?

– Meu futuro – sussurrou baixinho Anne, esticando o braço para tocar a gravura da flor. – Existem tantas pessoas que quero conhecer, tantos lugares que quero ver, além das coisas que desejo para minha vida. Compartilhar alegria, amor e um lar com um marido, talvez Peter, e um monte de crianças. – De repente, lágrimas apareceram em seus olhos.

David esticou o braço, colocou a mão em forma de concha na cabeça dela e puxou-a para si. Anne pôs os braços em volta do pescoço dele. Enquanto Anne fungava e soluçava, lágrimas também desceram pelo rosto de David. Ele sentiu uma profunda admiração por aquela criança. Sua coragem e sabedoria eram as de uma pessoa que já vivera toda uma vida. E, de certa forma, vivera mesmo.

Anne se afastou para limpar os olhos na manga do vestido.

– Desculpe – disse. – Não quis deixar o senhor sem graça.

– Não fiquei sem graça, Anne – disse David, enxugando os próprios olhos. – Você me lembrou a minha filha. O nome dela é Jennifer. Nós a chamamos de Jenny. Ela tem quase a sua idade, e acho que vocês são as duas garotas mais bonitas que já vi na vida.

Anne corou.

– Obrigada por dizer isso. – Olhou de volta para a parede e estendeu a mão para tocar a gravura da flor novamente. – Posso fazer uma pergunta?

– Com certeza – respondeu David.

– Se a sua Jenny estivesse aqui no meu lugar, ela estaria com medo?

David sentiu sua cabeça latejar.

– Acho que, provavelmente, sim, Anne. Você está?

Anne juntou as duas mãos. Por um instante, olhou para David e, então, voltou a olhar as gravuras.

– De vez em quando – respondeu. – Mas, na maioria das vezes, escolho não ter medo. Papai diz: "O medo é um péssimo cinzel para se esculpir o amanhã."

Anne se virou para encarar David.

– Eu terei um amanhã, Sr. Ponder. Margot e a Sra. Petronella riem de mim. Elas me chamam de Poliana. Dizem que vivo em um mundo de fantasia, que não encaro os fatos. Isso não é verdade. Sei que a guerra é horrível. Compreendo que estamos correndo muito perigo aqui. Não nego a realidade da nossa situação. Mas nego a fatalidade dela. Isso também vai passar.

Anne se ajoelhou e enfiou as mãos debaixo do colchão. Tirou um livro alaranjado encadernado de pano.

– Este é o meu diário – disse. – Papai me deu de aniversário, no dia 12 de junho. – Ela o folheou rapidamente até achar o que procurava. – Estas são para o senhor – falou, arrancando com cuidado várias páginas do pequeno caderno.

David pegou as páginas e observou a menina colocar debaixo do colchão o diário de que ele tanto já ouvira falar.

– Obrigado, Anne.

Durante um longo momento ela ficou na frente dele, encabulada.

– O senhor vai dizer à sua filha Jenny que eu mandei um olá para ela?

David sorriu.

– Direi, sim.

Anne fez outra pausa.

– Preciso ir comer – falou. – O senhor já terá ido embora quando eu voltar?

– Sim.

– Então lembre-se de mim – disse Anne, sorrindo. – Eu me lembrarei do senhor. Mas, acima de tudo, vamos sempre nos lembrar que a vida em si é um privilégio, mas viver a vida plenamente... bem, isso é uma escolha!

Com essas palavras, Anne abraçou David e saiu depressa do quarto, fechando a porta com cuidado atrás de si. David se sentou no colchão e ergueu os olhos para as fotos na parede. Ficou ouvindo por vários minutos o murmúrio das vozes dos Franks e dos seus amigos jantando. Então, colocou as páginas que Anne lhe dera no colo. Esperava sinceramente que aquelas palavras mudassem sua vida. Quatro páginas pequenas, escritas a lápis, na caligrafia de uma garotinha.

A QUINTA DECISÃO PARA O SUCESSO

Hoje, escolherei ser feliz

A partir deste momento, sou uma pessoa feliz, pois compreendo de verdade o conceito da felicidade. Poucos antes de mim foram capazes de compreender a verdade da lei física que permite a uma pessoa viver feliz todos os dias. Sei agora que a felicidade não é um fantasma emocional que entra e sai da minha vida. A felicidade é uma escolha. A felicidade é o produto de determinados pensamentos e atividades que geram uma reação química no meu corpo. Essa reação resulta em uma euforia que, embora seja ilusória para alguns, está totalmente sob meu controle.

Hoje, escolherei ser feliz. Saudarei cada dia com alegria.

Logo que acordar, rirei durante sete segundos. Mesmo depois de um período de tempo tão curto, o entusiasmo vai começar a correr pelas minhas veias. Eu me sinto diferente. Estou diferente! Olho com entusiasmo o dia que vai vir. Estou alerta para todas as suas possibilidades. Estou feliz!

Rir é uma expressão externa de entusiasmo, e sei que o entusiasmo é a energia que move o mundo. Vou rir durante o dia. Vou rir quando estiver sozinho e quando estiver conversando com outras pessoas. As pessoas se sentem atraídas por mim porque tenho riso no coração. O mundo pertence aos entusiasmados, pois os outros os seguirão por toda parte!

Hoje, vou escolher ser feliz. Sorrirei para todas as pessoas que encontrar.

Meu sorriso se tornou meu cartão de visita. Afinal, ele é a arma mais poderosa que possuo. Tem força para construir laços, quebrar o gelo e acalmar tempestades. Vou usar meu sorriso constantemente. Por causa dele, as pessoas que encontro todos os dias escolherão abraçar minhas causas e seguir minha liderança. Serei sempre o primeiro a sorrir. Essa demonstração de alegria dirá aos outros o que espero receber de volta.

Meu sorriso é a chave da minha estrutura emocional. Um sábio disse certa vez: "Não canto porque sou feliz; sou feliz porque canto!" Quando escolho sorrir, eu me torno o mestre das minhas emoções. Desânimo, desespero, frustração e medo sempre enfraquecerão diante do meu sorriso. O poder de quem sou se revela quando sorrio.

Hoje, escolherei ser feliz. Sou dono de um espírito grato.

No passado, eu desanimei em determinadas situações, até comparar a condição da minha vida com a de outras pessoas de menos sorte. Assim como uma brisa fresca afasta a fumaça do ar, um espírito grato afasta a nuvem do desespero. As sementes da depressão não conseguem germinar em um coração agradecido.

Meu Deus concedeu-me várias dádivas e eu me lembrarei de ser grato por elas. Muitas vezes, orei como um mendigo, sempre pedindo mais e esquecendo de agradecer. Não quero ser visto como uma criança gananciosa, ingrata e desrespeitosa. Sou grato por ver, ouvir e respirar. Se em algum momento da minha vida eu receber outras dádivas além dessas, ficarei grato pelo milagre da abundância.

Saudarei cada dia com alegria. Sorrirei para todas as pessoas que encontrar. Sou dono de um espírito grato.

Hoje, escolherei ser feliz.

Oito

David terminou de ler as palavras que Anne preparara e limpou uma lágrima que descia pelo seu rosto. Piscando os olhos, dobrou as páginas, colocou-as na bolsinha de tabaco, enfiou-a no bolso e se levantou. Esticou o braço para tocar a gravura da flor que Anne havia colado na parede. Com o dedo, David seguiu o caule desde o pé da fotografia até o meio. Tocando o botão, sorriu ao sentir a textura do giz de cera rosa que havia sido usado para colorir a foto preto-e-branca.

Lentamente, a rosa começou a se distorcer. As extremidades ficaram pouco definidas e a forma do botão pulsou. David retraiu a mão e secou os olhos. Apoiou-se na parede com o cotovelo e o antebraço esquerdos. Por um instante, sentiu-se um pouco tonto, mas a sensação passou logo.

Abrindo os olhos, voltou a examinar a gravura. Ainda estava embaçada, mas parecia clarear. Apertou os olhos e aproximou o rosto a centímetros da flor. Isso! Agora estava em foco. Viu as pétalas da rosa com tanta nitidez, com tanta clareza, que ela parecia ter profundidade. Com hesitação, sem mexer o rosto, esticou a mão direita e, com apenas um dedo, tocou a rosa. Assustado, prendeu a respiração. A rosa era real.

Por um instante David ficou paralisado. Movendo os olhos, viu que seu braço esquerdo estava apoiado sobre uma mesa velha.

Afastando-se da rosa, percebeu que ela estava em um vaso de cristal simples na ponta da mesa. Próximo à rosa havia um jarro d'água e quatro copos. David se aprumou e olhou em volta. Estava em uma espécie de quarto... não, em uma tenda. Notou que era uma tenda bem grande, feita de lona branca, abrangendo uma área de aproximadamente quatro por seis metros. O chão era de grama seca e, com exceção da mesa e de três cadeiras de madeira simples, a tenda estava vazia.

Ouvindo uma certa agitação do lado de fora, David foi até a entrada da tenda. Afastou cuidadosamente a porta de lona e viu, a cerca de 20 metros de distância, em cima de um palco improvisado, um homem de pé, sozinho, atrás de um pódio. Estava de costas para a tenda e falava para milhares de pessoas. Havia cavalos selados, carruagens e carroças entre a multidão. Muitos se protegiam com pára-sóis, tinham estendido colchas no chão ou se sentado em cima das suas carroças.

David viu que a tenda e o palco estavam no topo de uma colina cercada por árvores grandes e sem folhas. Como a temperatura estava agradável mesmo dentro da tenda, David imaginou que havia chegado àquele lugar em outubro ou, talvez, novembro. De qualquer forma, imaginou que fosse outono e, a julgar pelo sol, estivesse perto do meio-dia.

Além da multidão, David viu campos e florestas devastadas que iam até onde ele conseguia enxergar. As colinas e pastos dentro do seu campo de visão lhe davam uma sensação estranha. A região parecia familiar, embora não conseguisse precisar como ou por quê.

Talvez, pensou David, *o palestrante saiba a razão de eu estar aqui.* Voltando sua atenção mais uma vez para o palco, observou que o cavalheiro, de costas, parecia estar vestido com elegância. Usava calças cinza sobre botas pretas engraxadas, e um colarinho branco alto saía da parte de trás de um paletó preto com abas. O cabelo grisalho revolto coroava uma aparência distinta.

Além disso, o homem parecia ser um excelente orador. David notou como ele andava pelo palco e gesticulava expressivamente com as mãos. A platéia certamente estava fascinada. Haviam rido em uníssono duas vezes durante o curto tempo em que David observava da entrada da tenda. Não conseguia entender bem a palestra, pois não havia microfone ou aparelhagem sonora de qualquer espécie, e, como o homem estava de costas, ouvia apenas uma ou outra palavra.

De repente, a multidão explodiu em uma salva de palmas alta e demorada. David olhou com atenção o palestrante voltar ao pódio e conseguiu ver seus traços com clareza. Os cabelos emolduravam um rosto bem barbeado. As sobrancelhas eram volumosas; o nariz e as orelhas, um pouco grandes demais para a cabeça. David não o reconheceu.

Desapontado e um tanto confuso, David voltou para o interior da tenda. Ficou um bom tempo lá dentro, imaginando onde estava e quem observara no palco. *Será esta a pessoa que eu vim ver?*, perguntou-se. Foi até uma cadeira ao lado da mesa e caiu nela pesadamente. Servindo-se de um copo d'água, não conseguia se livrar da sensação de que estava de alguma forma ligado àquele local.

Naquele exato momento, acima do som contínuo da voz do palestrante, David ouviu a multidão começar a murmurar. Durante quase meio minuto, o som da platéia conversando engoliu com facilidade a voz do homem no palco. David se levantou e andou depressa em direção à entrada da tenda. Porém, antes de chegar lá, ouviu o barulho de cascos de cavalos e selas de couro rangendo logo atrás da porta. Ao escutar vozes se aproximando, foi para o canto da tenda no instante em que um homem entrou.

Era um jovem de cerca de 25 anos, vestido de forma impecável, com um paletó longo e uma camisa de colarinho alto. O cabelo estava dividido ao meio com esmero e seu bigode fino descrevia uma linha perfeita sobre os lábios. Com a postura de uma pessoa habituada a estar no comando, o jovem atravessou a tenda, indo diretamente até a mesa. Abriu todas as gavetas e inspecionou atentamente o conteúdo delas antes de fechá-las.

David o viu se deter por um breve instante diante do copo de que bebera. O rapaz pegou o copo e franziu o cenho. Estava obviamente muito irritado. Balançando a cabeça de um lado para o outro, levou o copo até a extremidade da tenda e derramou o resto da água no chão. Curiosamente, observou David, ele colocou o copo vazio no bolso do paletó e voltou para a mesa, examinando agora os demais copos e o jarro.

Pegou o jarro e olhou com atenção para a água. Então cheirou-a. Por fim colocou um pouco dela em um dos três copos restantes e provou-a com cuidado. Satisfeito, botou o copo de que bebera no outro bolso do paletó, olhou furtivamente ao redor da tenda e saiu.

David respirou fundo. Era óbvio que aquela pessoa não era a que ele deveria encontrar. O homem nem o notou parado bem na sua frente. Antes que David tivesse tempo de se mexer, a aba da tenda voltou a abrir.

Curvando-se bastante para conseguir passar, o homem alto entrou na tenda, com o chapéu debaixo do braço. À medida que a aba da tenda se fechava atrás dele, empertigou-se, olhou em volta e viu David. Sorriu e, com duas passadas rápidas, colocou-se na frente do visitante e estendeu a mão direita.

– Sr. Ponder, certo? – disse o homem com um brilho nos olhos.

David ficou boquiaberto e seus joelhos pareceram dobrar-se. Queria dizer "Sim, senhor", "Como vai?", "Prazer em conhecê-lo" ou qualquer outra coisa, mas sua garganta estava tão seca que nada saía. Notando a perplexidade no rosto do cavalheiro e vendo que a mão dele ainda estava estendida, David fez a única coisa adequada: apertou a mão de Abraham Lincoln.

– É... é uma honra, senhor – conseguiu gaguejar.

– A honra é minha, Sr. Ponder – respondeu o presidente. – Afinal de contas, foi você quem veio de mais longe para esta ocasião.

Lincoln usava luvas de equitação brancas, de cano longo – em total contraste com os trajes completamente pretos –, que faziam suas mãos grandes parecerem maiores. Retirando as luvas, foi até a mesa e, depois de colocá-las junto do chapéu, perguntou:

– Você faria a gentileza de me acompanhar em uma bebida?

Vendo que o presidente indicara a jarra d'água, David aceitou o convite e perguntou:

– Senhor, onde estamos?

Lincoln ergueu um longo dedo e, em seguida, serviu a David um copo d'água. Servindo-se a si mesmo, bebeu tudo, tomou outro copo e se sentou.

– Traga uma cadeira – disse, enquanto arrastava a sua de trás da mesa.

Enquanto se sentava, David observou o 16º presidente dos Estados Unidos cruzar as pernas e afrouxar o colarinho engomado. Estava bem-vestido, o cabelo penteado, a barba aparada com esmero, porém, ainda assim, parecia um tanto... desalinhado. David notou que as dimensões físicas do presidente pareciam exageradas. As pernas, os braços, as mãos, até o rosto pareciam longos demais. David sorriu, percebendo que Abraham Lincoln era idêntico a todas as fotos que ele vira.

A única surpresa de David, depois da súbita aparição de Lincoln, foi a voz do presidente. Não era a do barítono intenso que ele ouvira em tantos filmes, mas a voz aguda de um tenor.

Lincoln colocou o copo na mesa e disse:

– Cavalgar sempre me deixa com sede, embora eu geralmente tenha vergonha de beber na frente do cavalo. Afinal de contas – disse com uma risadinha –, não fui eu que fiz todo o trabalho! – David riu educadamente. – Então, Sr. Ponder, imagino que queira saber onde estamos.

– Sim, senhor. E, por favor, me chame de David.

– Obrigado – disse Lincoln inclinando um pouco a cabeça. – David, estou aqui hoje por dois motivos. Em primeiro lugar, para inaugurar um cemitério, que é, por sinal, onde nos encontramos agora... Gettysburg, Pensilvânia.

Um arrepio desceu pelas costas de David.

– E a data?

– Dezenove de novembro de 1863.

Não é de se espantar que este local me pareça tão familiar, pensou David. *Estive aqui há quatro meses. Ou faz apenas uma hora?* Balançou a cabeça para clarear os pensamentos.

– Sr. Presidente, o senhor mencionou dois motivos que o levaram a vir aqui. Qual é o segundo?

Lincoln sorriu.

– Ora, para conhecê-lo, é claro. – David arregalou os olhos. – Você certamente é mais importante do que qualquer coisa que eu tenha vindo fazer aqui hoje. Este cemitério está ligado ao passado. Você representa o futuro!

David desviou o olhar.

– Agradeço sua confiança – disse –, mas não tenho certeza de que sua vinda se justifica. No momento, estou apenas desejando que haja um futuro para mim. Na verdade, estou passando pelo pior período da minha vida.

– Então devo lhe dar os parabéns. É certo que dias melhores virão. – Em seguida, o presidente ergueu seu copo d'água e exclamou: – Um brinde a nós, dois homens passando pelo pior que a vida pode oferecer.

David não respondeu. Não tinha certeza se Lincoln estava caçoando dele.

– Não estou brincando – disse lentamente.

– Oh, eu lhe garanto – retrucou Lincoln com um sorriso tenso – que eu também não. – Estendeu um braço para a direita, até o outro lado da mesa, e pegou o chapéu. Era a cartola preta que se tornara a parte mais característica daquele homem. Lincoln deixou seus dedos brincarem com a fita de seda larga por um tempo.

– Este é um pedaço de tecido que carrego comigo em memória de Willie, meu filhinho. Ele morreu há poucos meses. – Respirou fundo e suspirou. – Agora, meu filho Tad está de cama... moribundo. E, como você pode imaginar, a Sra. Lincoln não acha que eu deveria estar aqui hoje.

– E por que o senhor veio?

– Por obrigação. E pelo fato de saber que poderia rezar pelo meu filho tanto na Casa Branca quanto ao cumprir a tarefa que me foi designada. Tenho bastante certeza de que o Todo-Poderoso ouve minhas preces em qualquer lugar. Sem dúvida, os braços dele alcançam de Washington a Gettysburg. Também acredito que o bom Deus preferiria me ver trabalhando e rezando em vez de rezando e esperando.

O residente trocou de posição na cadeira e cruzou os braços.

– Sabe, eu disse há pouco que éramos dois homens passando pelo pior que a vida pode oferecer. Isso é verdade em uma perspectiva mesquinha e egoísta, e devo confessar minha propensão a comportamentos egocêntricos. Na verdade, essa parece ser uma das batalhas mais recorrentes na minha vida. Porém, em um sentido mais amplo, estamos sendo presenteados com uma enorme oportunidade de mudarmos e nos tornarmos pessoas melhores.

– Nos tornarmos pessoas melhores? O senhor deve estar falando do que chamamos de "crescimento pessoal". Não tenho certeza se quero mais crescimento pessoal – disse David.

– É claro que não! – respondeu Lincoln. – Essa não seria a escolha mais fácil? Na verdade, é a escolha mais popular do mundo! Mas a questão que você está encarando neste momento da sua vida é: até que ponto você quer ser poderoso?

David inclinou a cabeça para o lado. Confuso, falou:

– Estou perdido. Em primeiro lugar, o que crescimento pessoal tem a ver com poder? E, em segundo lugar, não me entenda mal, mas não tenho o menor interesse no poder.

Inclinando-se para a frente, Lincoln disse:

– Sr. Ponder... David, se isso for verdade, se o poder não lhe interessa, então uma quantidade incalculável de atenção tem sido desperdiçada com você. Um pouco dela, aliás, neste exato momento.

David não sabia se deveria se sentir insultado ou não. Começou a falar:

– Não fui eu quem...

Lincoln esticou o braço e tocou o joelho dele. Sorrindo pacientemente, mas interrompendo-o com firmeza, disse:

– David. – Quando o outro se calou, o presidente recostou na cadeira. Com os olhos negros fixos em David e o sorriso ainda no rosto, falou com brandura: – Pense junto comigo. O crescimento pessoal leva ao poder. Existe um certo nível de crescimento pessoal que oferece as condições necessárias para uma pessoa alimentar e vestir sua família. Existe outro nível que fornece influência e sabedoria em quantidade suficiente para que uma pessoa seja vista como líder. – Lincoln fez uma pausa. Olhou bem nos olhos do homem mais jovem.

– Porém, para realizar grandes feitos, um grande poder é essencial. Não fuja do poder. Colha-o como o faria com a melhor das frutas. O poder nas mãos de uma pessoa de bem é como um copo de água gelada em um dia quente de verão. Revigora todos aqueles que atinge. Algumas pessoas querem somente poder suficiente para tocar a vida em frente. Existem outras que irão adquirir poder o bastante para dar mais conforto às suas famílias, e serão caridosas também com os menos afortunados, desde que o fardo do crescimento pessoal não fique muito pesado. Porém, existem alguns poucos de nós, David, que nos agarramos a essa idéia maluca de que somos capazes de mudar o mundo. Desenvolvemos o poder para tentar fazer o que é certo. Uma pessoa pode chegar ao poder para liderar seu povo até a terra prometida dos seus sonhos. Quando crianças, temos medo do escuro. Depois, como adultos, temos medo da luz. Temos medo de dar um passo adiante. Medo de ser mais. Mas como podemos liderar outras pessoas em direção a um destino que ainda não alcançamos? Continue sua busca, filho. Estou exortando você a buscar a luz que parece tão distante. Ela valerá o esforço. Você irá se tornar um farol que irradiará crescimento pessoal e poder, e, através do seu exemplo e liderança, evitará que muitos homens valiosos destruam suas vidas nos recifes da mediocridade.

– Agora entendo o que o senhor está falando – disse David, assentindo. – Então, como faço para planejar meu crescimento pessoal? O que é importante nessa... nessa busca?

– Bem – começou Lincoln –, questionar a mim mesmo sempre foi muito esclarecedor.

– Sobre o quê?

– Sobre mim mesmo.

– O senhor se questiona sobre si mesmo?

– Sim – disse o presidente, rindo. – Pelo menos, geralmente, sei todas as respostas! – Acariciando a barba com as costas da mão, ele prosseguiu: – Falando sério, perguntas do tipo "Como as outras pessoas me vêem?" e "Do que elas não gostam?" podem ser muito reveladoras se forem respondidas com sinceridade. Quando você se tornar alguém que os outros querem por perto, terá se tornado uma pessoa influente.

– Então tenho que me esforçar para agradar às pessoas? – perguntou David.

– Não necessariamente. Estou falando em aparar as possíveis arestas em sua aparência física e em suas ações, como, por exemplo, seu comportamento e sua forma de falar. Nunca deixo de encontrar um terreno fértil para mudanças na minha atitude. Mas você nunca irá agradar a todos, e seu objetivo não deve ser esse. Buscar a aprovação de alguém preguiçoso ou invejoso é o mesmo que dar pérolas aos porcos. Você descobrirá que Deus quase nunca usa uma pessoa cuja maior preocupação é o que os outros vão pensar.

– O senhor nunca se importa com o que as outras pessoas dizem a seu respeito? – perguntou David.

O presidente inclinou rapidamente o corpo para a frente, com uma expressão séria no rosto.

– Por quê? – disse ele. – O que elas dizem?

Diante da expressão chocada de David, Lincoln riu alto.

– David, como você deve saber, sou o primeiro presidente republicano da História. Fui eleito por uma minoria do voto popular e mesmo alguns membros do meu próprio gabinete me vêem como alguém de terceira categoria. Para a maioria da elite de Washington, sempre serei um advogado do interior, um forasteiro aparvalhado e grosseiro. Se me preocupasse com as colunas de jornal que me rotulam de desonesto e estúpido, se me deixasse abater todas as vezes que um oponente político me chama de macaco ou bufão, não estaria apto a fazer o trabalho para o qual nasci!

Lincoln se levantou e enfiou as mãos nos bolsos.

– Cedo ou tarde, todo homem de caráter terá seu caráter questionado. Todo homem honrado e corajoso enfrentará críticas injustas. Mas nunca esqueça que críticas injustas não têm o menor impacto sobre a verdade. E que a única maneira de evitar críticas é não fazer nada e não ser nada!

Enquanto fazia uma pausa para respirar, a atenção de Lincoln foi desviada por uma salva de palmas ruidosa da multidão do lado de fora da tenda. Ele sorriu e gesticulou para que David o seguisse.

– Vamos ver como está nossa programação.

Caminhando até a entrada da tenda, o presidente puxou a aba de lado, oferecendo uma visão desimpedida do palco. O mesmo cavalheiro que David vira mais cedo ainda estava falando.

– Quem é ele? – perguntou David baixinho.

Sem se virar, Lincoln respondeu:

– Esse é o principal orador deste evento. O ilustre Edward Everett. Ele foi reitor da Universidade de Harvard e secretário de Estado do presidente Fillmore. Sem dúvida sabe conquistar uma platéia. Veja os rostos das pessoas. Elas estão transfiguradas.

– Tenho certeza de que estão esperando pelo senhor – respondeu David.

Lincoln sorriu e baixou com cuidado a aba. Afastando-se da entrada, falou:

– Agradeço o elogio, mas hoje farei apenas algumas observações. Estou aqui para a inauguração. Fui convidado há apenas três semanas.

Naquele instante, a aba da entrada foi jogada de lado e o jovem bem-vestido que estivera na tenda mais cedo entrou. Lincoln gesticulou na direção dele.

– John Hay, meu secretário particular.

David ficou momentaneamente paralisado e depois segurou o riso diante da confusão do rapaz. Observou Hay olhar de um lado para o outro, examinando a tenda, e balbuciar:

– Senhor?

Recompondo-se rapidamente, Lincoln perguntou:

– Em que posso ajudá-lo, John?

Hay franziu as sobrancelhas, obviamente perplexo, e continuou a olhar desconfiado para trás do presidente.

– John – repetiu Lincoln –, em que posso ajudá-lo?

– Eu... ah... desculpe-me por interrompê-lo, Sr. Presidente. – Lincoln conteve uma risadinha. David cobriu a boca com a mão. – Bem... senhor – gaguejou Hay. – Queria informá-lo de que, quando o Sr. Everett terminar, o Baltimore Glee Club irá cantar uma ode composta para a ocasião. A música proporcionará o tempo necessário para escoltarmos o senhor até o palco.

– Obrigado, John – disse Lincoln, andando até a porta. – Então o início da música será minha deixa para encontrá-los em frente à tenda. Até lá, tenho certeza de que o senhor irá respeitar minha privacidade.

O presidente puxou a aba de entrada, um gesto obviamente destinado a apressar a saída do secretário. Hay passou curvado pela abertura e deu meia-volta. Com o corpo inclinado, metade dentro e metade fora da tenda, escolheu com cuidado as palavras antes de perguntar:

– Senhor, perdoe-me, mas está dizendo que eu não devo voltar?

– Exatamente, John.

– Então, o senhor me encontrará em frente à tenda quando estiver pronto para subir ao palco?

– Sim, John.

Hay fez uma pequena pausa. Então, ainda curvado na entrada, disse:

– Se o senhor me permite a audácia de perguntar...

– John – interrompeu Lincoln.

– Senhor?

– Eu o encontrarei em frente à tenda quando estiver pronto para subir ao palco.

– Sim, senhor – falou Hay com resignação e deslizou para fora.

O presidente fechou a lona e, com um gesto da cabeça, mandou David segui-lo, andando rapidamente até a mesa. Quando se sentou, finalmente soltou o riso. Os dois gargalharam por um bom tempo.

Recuperando o controle, Lincoln respirou fundo e deu um suspiro.

– Essa foi por pouco, meu amigo. Por um instante, esqueci que meu secretário não pode vê-lo. John é um bom rapaz. Odeio rir às custas dele, mas, Deus me perdoe, a cara que ele fez foi impagável!

David ria enquanto se sentava.

– Antes de ele entrar, o senhor estava falando sobre o seu papel na cerimônia de hoje.

– Sim – o sorriso de Lincoln desapareceu à medida que ele pigarreava. – Sim, hoje interrompemos nossas batalhas para inaugurar uma realidade desagradável desta guerra: um cemitério. Como você deve saber, agora temos muitos deles por aí. Com certeza, mais do que eu posso inaugurar.

Lincoln fechou o rosto e prosseguiu.

– Houve mais de 1.500 mortes aqui. Dizem que sangue e entranhas faziam rios pelo chão. – Ele ficou em silêncio por um instante e voltou a falar mais animadamente: – Mas agora tenho Grant. Isso está para acabar.

– Os senhores vão vencer a guerra? – perguntou David.

– Posso lhe dizer com certeza que não iríamos! Porém, depois da Batalha de Gettysburg, em julho passado, a perspectiva parece muito mais animadora.

De repente David teve uma idéia e perguntou:

– Sr. Presidente, o senhor conhece um oficial do seu exército chamado Joshua Chamberlain? Ele está com o 20º Regimento do Maine.

Lincoln entortou a cabeça, pensou por um instante e falou devagar:

– Não, creio que não. Eu deveria conhecer esse homem?

– Talvez. Ele lutou aqui em Gettysburg. Quando o senhor voltar para Washington, talvez possa procurá-lo. – O presidente assentiu.
– Tenho outra pergunta – prosseguiu David. – O senhor acredita que Deus está do seu lado?

Lincoln lançou um olhar pensativo para David.

– No dia 22 de setembro do ano passado, assinei uma proclamação de emancipação para todos os escravos, especificando que daquele momento em diante e para sempre eles seriam livres. A escolha do momento em que fiz esse gesto ainda gera controvérsias. Um dos membros do meu gabinete informou a qualquer pessoa que quisesse escutar que a esmagadora maioria da sociedade estava contra mim e contra minha intenção de assinar a Proclamação de Emancipação. Mas eu acredito que a opinião pública pode mudar com o tempo, enquanto o certo e o errado, não. Se nos familiarizarmos com os grilhões da escravidão, estaremos preparando nossos membros para carregá-los. O espírito do nosso governo e de nossas instituições deve servir para elevar o povo, e eu me oponho a qualquer coisa que o degrade. Minha opinião é que a retidão faz o poder. Por isso assinei o documento, e agora o faremos cumprir. Então você me pergunta se eu acredito que Deus está do meu lado. Para ser franco, nunca pensei muito nisso. Eu me preocupei muito mais em saber se estamos do lado de Deus.

David se lembrou de algo que Lincoln dissera anteriormente.

– O senhor mencionou Grant. Por que ele fará tanta diferença?

– Porque ele se importa tanto quanto eu! – foi a resposta imediata. – Levei quase três anos para encontrar um general de quem não precisasse cuidar como se eu fosse uma babá. Winfield Scott foi o primeiro, seguido de McDowell, depois Fremont e, então, o desastroso McClellan. Pode imaginar? McClellan era um comandante que se recusava a enfrentar o inimigo! Depois de McClellan, nomeei Henry Halleck. Halleck é formado em West Point e até escreveu um livro sobre táticas militares. Eu o li antes de nomeá-lo. Ótimo livro, boas teorias, mas livros não lutam nas guerras. O homem se eximiu de qualquer responsabilidade, perdeu a pouca compostura que havia trazido ao cargo e se tornou um mero assistente de luxo. McClernand foi o próximo, e tudo o que fez foi reclamar dos outros generais. Depois penei com Rosecrans, Burnside e, por fim, Nathaniel P. Banks.

O presidente Lincoln continuou:

– Naturalmente, no dia em que anunciei minha intenção de promover o general Grant fui rechaçado pela imprensa. Hoje em dia, muitas pessoas têm me pressionado para dispensá-lo, mas não posso prescindir desse homem. Ele luta! Ouvi dizer que bebe demais. Bem, se eu descobrir o que exatamente ele anda bebendo, vou mandar alguns engradados da mesma bebida para os outros generais!

David riu daquela observação. Lincoln sorriu e continuou:

– O que quero dizer com tudo isso é que Ulysses S. Grant deseja vencer tanto quanto eu. Se quiser vencer, você terá de se cercar de vencedores. Não se sinta desencorajado quando as pessoas que você escolher para sua equipe falarem muito e produzirem pouco. Grant é minha décima tentativa. Eu simplesmente continuo colocando-os no barco para ver quem quer remar com tanto afinco quanto eu.

– O que o senhor fará se... quando vencer? – perguntou David.

– Você quer dizer, para onde conduzirei esta nação?

– Sim. Depois da guerra, qual será sua prioridade?

– Esta não é uma pergunta simples. Na verdade, passei muitas horas refletindo sobre a resposta. Na primeira manhã após o fim da guerra, saudarei o dia com o espírito de perdão.

David ficou boquiaberto.

– Como é possível? Não compreendo!

– Na verdade, é um conceito muito simples e é a atitude mais importante que tomo regularmente. O perdão me permite ser mais eficiente como marido, pai, amigo e líder deste país.

Confuso, David perguntou:

– O que o perdão tem a ver com eficiência?

Lincoln pensou por um instante, cruzou as pernas e respondeu.

– Você já sentiu tanta raiva de alguém que só conseguia ficar pensando naquela pessoa e na péssima maneira como foi tratado? Você acorda no meio da noite pensando nela, e todas as coisas que deveria ou gostaria de ter dito vêm à sua mente. Em vez de aproveitar a tarde com a sua família, deixa a pessoa ocupar o primeiro lugar nos seus pensamentos. A pessoa que o ofendeu suga toda a sua energia. Você se sente como se fosse explodir. – Inclinando-se para a frente, perguntou: – Já se sentiu assim, David?

– Sim – ele respondeu. – Já.

Lincoln recostou-se na cadeira e descruzou as pernas.

– Bem, posso dizer o mesmo. Devo muitos negócios fracassados, desavenças conjugais e derrotas em várias disputas políticas a sentimentos como a raiva. Porém, também devo uma boa parte dos sucessos que alcancei à descoberta desse simples segredo.

– Que segredo? – perguntou David.

– O segredo do perdão – respondeu Lincoln. – É um segredo que não custa nada e vale milhões. Está disponível para todos, mas é usado por poucos. Se você exercer o poder do perdão, será venerado, requisitado e rico. E também será perdoado pelas outras pessoas!

David parecia atônito.

– E quem exatamente eu deveria perdoar?

– Todo mundo.

– Mas e se eles não pedirem perdão?

Lincoln ergueu as sobrancelhas negras e sorriu.

– A maioria não vai pedir! Surpreendentemente, muitos desses covardes que ousam ocupar nossas mentes com pensamentos raivosos estão flanando pela vida sem se darem conta dos nossos sentimentos ou do que fizeram de errado!

David franziu o cenho.

– Tenho certeza de que tudo isso é verdade, mas ainda não consigo entender como o senhor pode perdoar alguém que não pede perdão!

– Sabe – voltou a falar Lincoln –, durante muitos anos, pensei que o perdão fosse algo semelhante ao título de cavaleiro: uma honraria que eu concederia a um pobre-diabo que rastejasse aos meus pés e implorasse minha bênção. Porém, na medida em que amadurecia e observava as pessoas de sucesso, passei a ver o perdão de outra forma. Não consigo me lembrar de nenhum livro, inclusive a Bíblia, que diga que, para se perdoar uma pessoa, é preciso que ela peça perdão. Pense nisso! Onde está escrita a lei que determina que as pessoas devem merecer o perdão antes de recebê-lo? Onde está escrito que, para que eu possa perdoá-lo, você deve ter me ofendido no máximo três vezes? Ou sete? Ou dezessete? A verdade incontestável sobre o perdão é que ele não é uma recompensa que deve ser conquistada. O perdão é uma dádiva. Quando perdôo, permito que meu espírito se liberte da raiva e do ódio que envenenam meu coração. Ao conceder o perdão, permito que meu espírito busque o futuro com alegria, livre dos grilhões do passado. O perdão, quando concedido aos outros, se torna uma dádiva para mim mesmo.

David assentiu lentamente.

– Acho que nunca pensei no perdão como algo que eu possa controlar.

Naquele exato momento, uma longa ovação começou do lado de fora. O presidente puxou um relógio do bolso do colete e disse:

– Parece que o Sr. Everett terminou. Bem, está quase na hora.

David se levantou.

– Volte para a cadeira um instante, filho – Lincoln ordenou gentilmente. David obedeceu. – David, este é um ponto crucial na trajetória da sua vida e existe uma pessoa que há tempos você se recusa a perdoar. Com a autoridade limitada que o papel de anfitrião me concedeu durante este breve período, devo avisá-lo que, sem um espírito capaz de perdoar, sua eficiência como marido, pai e líder estará em grande risco. A chave para todas as coisas que o seu futuro reserva, a pedra de toque que irá transformar seus sonhos em realidade, é o perdão.

David estava boquiaberto, e em seus olhos havia uma expressão de perplexidade e assombro.

– Quem é? – disse ele. Lincoln se limitou a encará-lo. – Senhor? Quem é?

Lincoln se levantou e alisou a frente do paletó e as calças. David ficou de pé e falou:

– Sr. Presidente, o senhor tem que me dizer quem é!

Lincoln pegou o copo d'água, sorveu o líquido e andou em direção à porta. David colocou a mão no braço dele.

– Ouça! – disse David. – Depois que o senhor sair, eu jamais o verei novamente. O senhor praticamente disse que minha vida estará acabada se eu não perdoar uma determinada pessoa. Então, já que é tão importante, diga-me! Quem eu devo perdoar?

O presidente olhou bem dentro dos olhos de David e disse apenas:

– Você mesmo.

Os olhos de David se encheram de lágrimas e ele falou baixinho:

– Eu não achei...

– David – disse Lincoln, colocando a mão em seu ombro –, a sua esposa não está com raiva de você. A sua filha não está com raiva de você. Seus amigos, e eu sou um deles, não estão com raiva de você, e Deus não está com raiva de você. Então, David... – Lincoln fez uma pequena pausa e disse com um sorriso: – Não fique com raiva *de si mesmo*. Perdoe-se. Recomece.

– Obrigado – falou David enquanto secava os olhos com a manga da camisa.

– Foi uma honra ajudá-lo – disse Lincoln. Pegando o chapéu na mesa, perguntou: – Você se importaria de me acompanhar até lá fora? Pode se juntar à platéia e ouvir, se quiser.

– Eu adoraria – disse David. – Obrigado! A propósito, desculpe-me por ter tomado todo o seu tempo de preparação aqui na tenda.

– Não tem importância – respondeu o presidente. – Meu discurso já está preparado há umas duas semanas.

– É mesmo? Bem, isso é fascinante. Quando as pessoas estudam o senhor hoje em dia... quero dizer, no futuro, uma das coisas que aprendemos é que esse discurso foi escrito no trem para Gettysburg.

Lincoln sorriu.

– Não, escrevi o discurso ainda em Washington. Creio que pode ter havido confusão, porque eu estava mesmo escrevendo alguma coisa no trem para Gettysburg. Na verdade – Lincoln retirou um pedaço de papel de dentro da cartola e o entregou a David –, eu estava escrevendo isto para você.

David sorriu e seguiu Lincoln até a porta. O presidente se inclinou para passar e então parou de repente. Virando-se, endireitou-se para encarar David com uma expressão curiosa no rosto.

– Você disse que as pessoas me estudam no futuro?

– Sim, senhor.

Lincoln baixou a voz e apertou os olhos.

– Cá entre nós, nós *ganhamos* esta guerra, certo?

– Sim, senhor.

Com um sorriso matreiro no rosto e uma sobrancelha levantada, Lincoln acrescentou uma última pergunta:

– Com Grant?

David sorriu.

– Sim, senhor – respondeu, e deixou a tenda atrás do grande homem.

Lá fora, David foi ficando para trás enquanto John Hay e vários soldados cercaram o presidente e o conduziram em direção ao palco. Lincoln apertou a mão de Edward Everett, que tinha permanecido para ouvir o presidente. O coro havia terminado e já tinha deixado o palco. Então, um mestre-de-cerimônias, usando um elegante smoking preto, aproximou-se do pódio e anunciou:

– Senhoras e senhores, o presidente dos Estados Unidos da América, Abraham Lincoln.

Diante daquele anúncio, 20 mil pessoas se levantaram e aplaudiram. David abriu caminho até a frente do palco e ficou junto dos demais. As pessoas permaneceram de pé depois que a ovação cessou. David estava logo abaixo e à direita do seu amigo quando, com uma voz aguda, quase estridente, Abraham Lincoln pronunciou as palavras que começariam a curar uma nação ferida.

– Há 87 anos, nossos antepassados erigiram uma nova nação neste continente, concebida em liberdade e consagrada ao princípio de que todos os homens nascem iguais. Agora estamos em uma grande guerra civil, testando o poder de resistência desta nação ou de qualquer outra nação concebida e consagrada a esse princípio. Nós nos encontramos em um grande campo de batalha desta guerra. Estamos reunidos para dedicar uma parte dele ao descanso eterno daqueles que aqui deram suas vidas para que a nação pudesse viver. É conveniente e justo que façamos isso. Porém, num sentido mais amplo, não podemos dedicar, consagrar e tampouco santificar este solo. Os bravos homens, vivos ou mortos, que aqui lutaram já o consagraram de tal forma que nada podemos acrescentar ou subtrair. O mundo pode ignorar nossas palavras ou esquecê-las, mas jamais se esquecerá do que eles fizeram aqui. Antes, cabe a nós, os vivos, nos dedicarmos ao trabalho inacabado que eles levaram até este ponto com tanta nobreza. Somos nós que devemos nos dedicar à grande tarefa que temos pela frente; que esses mortos veneráveis nos inspirem maior devoção à causa pela qual demonstraram a devoção derradeira, que todos aqui presentes decidam solenemente que esses homens não morreram em vão, que esta nação, com a graça de Deus, venha a gerar uma nova liberdade, e que o governo do povo, pelo povo e para o povo jamais desapareça da face da Terra.

Por um instante a platéia ficou em silêncio. Então David ouviu pessoas começarem a aplaudir à sua volta. Uniu-se a elas com entusiasmo e viu Lincoln inclinar a cabeça para a multidão em agradecimento e acenar para as pessoas mais distantes do palco. Olhando para baixo, cruzou seu olhar com o de David e sorriu. Então, acenou mais uma vez para a platéia, deu meia-volta e partiu.

David abriu caminho pela multidão e andou até uma árvore grande, isolada na pequena inclinação de uma colina. Sentou-se à sua sombra, longe dos milhares de pessoas. Ouvindo as vozes do coro cantando outro hino no palco, desdobrou o papel que o 16º presidente dos Estados Unidos lhe dera e leu.

A SEXTA DECISÃO DE SUCESSO

Saudarei o dia de hoje com o espírito de perdão

Por muito tempo, mantive cada grama do perdão que eu possuía trancado, escondido, aguardando que eu descobrisse sua preciosa presença perante alguém que fosse digno dele. Infelizmente, considerava a maioria das pessoas indigna do meu valioso perdão, e, como elas nunca me pediram, eu o guardei comigo. Agora, o perdão que armazenei germinou no meu coração como uma semente estragada, gerando frutos amargos.

Chega! A partir deste momento, minha vida ganha nova esperança e fé. De toda a população mundial, sou um dos poucos que possuem o segredo para dissipar a raiva e o ressentimento. Agora compreendo que o perdão só tem valor quando é dado. Através do simples ato de perdoar, livro-me dos demônios do passado, em relação aos quais não posso fazer nada, e crio para mim um novo coração, um novo começo.

Saudarei o dia de hoje com o espírito de perdão. Perdoarei mesmo aqueles que não o pedirem.

Muitas vezes, fiquei louco de raiva por causa de uma palavra ou de um ato vindos de uma pessoa negligente ou insensível. Desperdicei horas valiosas maquinando vinganças ou confrontações. Agora, vejo a verdade sobre esta espécie de pedra psicológica no meu sapato. A raiva que me envenena geralmente é de mão única, pois raras vezes a pessoa que me ofendeu pensa sobre a ofensa cometida.

A partir de agora, e para sempre, perdoarei no meu íntimo até mesmo aqueles que não reconhecem a necessidade de serem perdoados. Através do perdão, deixo de ser consumido por pensamentos improdutivos. Abro mão da amargura. Minha alma se tranqüiliza e se solidariza com meus companheiros.

Saudarei o dia de hoje com o espírito de perdão. Perdoarei aqueles que me criticarem injustamente.

Sei que qualquer forma de escravidão é errada, e sei também que aqueles que vivem de acordo com a opinião dos outros são escravos. Eu não sou um escravo. Confio no meu julgamento. Sei a diferença entre certo e errado. Sei o que é melhor para o futuro da minha família e nenhuma opinião mal-intencionada ou crítica injusta alterarão meu caminho.

Aqueles que criticam minhas metas e meus sonhos simplesmente não compreendem o desígnio superior a que sirvo. Assim, o desprezo dessas pessoas não afeta minha postura ou meus atos. Perdôo sua falta de visão e sigo adiante. Sei que a crítica faz parte do preço que se paga quando deixamos para trás a mediocridade.

Saudarei o dia de hoje com o espírito de perdão. Perdoarei a mim mesmo.

Durante muitos anos, fui meu maior inimigo. Cada erro, cada engano, cada deslize martelavam, sem parar, na minha mente.

Cada promessa não cumprida, cada dia desperdiçado, cada meta não al-cançada geraram a revolta que sinto pela falta de conquistas na minha vida. Meu desalento se tornou paralisante. Quando me decepciono comigo mesmo, respondo com inércia e fico ainda mais decepcionado.

Hoje, percebo que é impossível combater um inimigo que mora na minha cabeça. Ao me perdoar, apago as dúvidas, os medos e frustrações que mantiveram meu passado no presente. Daqui por diante, minha história deixará de controlar meu destino. Perdoei a mim mesmo. Minha vida acaba de começar.

Perdoarei mesmo aqueles que não pedirem perdão. Perdoarei aqueles que me criticam injustamente. Perdoarei a mim mesmo.

Saudarei o dia de hoje com o espírito de perdão.

Nove

David tirou a bolsinha de tabaco do bolso. Com cuidado, dobrou o papel e o colocou dentro do tecido gasto. Sua mão roçou o couro macio em que o rei Salomão escrevera a Segunda Decisão.

– Um, dois, três, quatro, cinco, seis – David contou em voz alta as preciosas páginas.

Devo receber sete, pensou. *Para onde irei agora?*

David estava tenso. A espera pelo salto através do tempo e do espaço o deixava nervoso e exausto. Quando olhou para o outro lado do campo, viu o grupo de Lincoln partir do cemitério a cavalo. A figura do presidente, com suas luvas de equitação brancas e a cartola preta brilhando sob o sol, chamava atenção. David sorriu e balançou a cabeça, admirado.

Então, o cansaço o venceu. Incapaz de manter os olhos abertos, colocou a bolsinha de volta no bolso e se deitou. Tentou ficar acordado, sentindo medo de adormecer, mas não conseguiu. Visões de Ellen e Jenny o cercaram.

– Onde está você, papai? – gritou Jenny. – Venha para casa!

David sabia que era um sonho, mas não conseguia despertar. Tentou tocá-las, mas elas estavam fora do seu alcance. *Isso é loucura*, pensou. *Estou tendo um sonho no meio de um sonho. Preciso acordar!*

Ellen estava com as mãos nos ombros da filha chorosa, confortando a menina.

– David, precisamos de você – ela disse.

Acorde!, gritou David para si mesmo.

– Espero grandes coisas de você, meu filho. – Era uma voz de homem. David se virou e viu o sogro. Havia lágrimas nos olhos dele. – Você prometeu que cuidaria da minha filha.

David acordou banhado de suor. Sentia náuseas, mas tinha pavor de adormecer novamente.

– Foi muito real – murmurou, enquanto se sentava. – Muito real. – Desorientado, viu que estava em um chão de concreto, cercado de... de quê? De papel?

Empertigando-se, esfregou os olhos, e suas idéias clarearam. Ficou de joelhos e se levantou. Bem na sua frente havia mais papel. Notou que não eram folhas brancas comuns, e sim fotografias de crianças diferentes. Havia pilhas de fotos amarradas, dispostas em uma série de prateleiras. No fundo de uma das prateleiras, viu três cestos grandes contendo centenas de fotografias soltas, como se estivessem esperando para serem arquivadas. Eram fotos de crianças de todas as idades e raças.

Em seguida, David entrou em uma abertura à sua esquerda. Era uma espécie de corredor de comunicação, e logo depois havia uma fileira enorme de roupas. Hesitante, ele se aproximou das peças de cores brilhantes e passou a mão em um pequeno paletó. Paletós e casacas, grandes e pequenos, cada um em um cabide.

– Centenas – murmurou David. – Talvez milhares.

David se virou na direção das fotografias e levou um susto. Quando estava perto das fotografias, não notara a altura das prateleiras, mas agora, olhando para cima, não conseguia nem mesmo ver o teto. As prateleiras se erguiam, literalmente, a perder de vista.

Não havia lâmpadas no lugar, ou qualquer fonte de iluminação, porém, de alguma forma, tudo estava banhado por uma luz suave e constante. À sua direita, o corredor aparentemente não tinha fim. À esquerda, tampouco. A construção onde se encontrava não parecia ter estrutura definida, se é que era uma construção. *Ainda estou sonhando?*, perguntou-se David.

Notando algo diferente nas prateleiras logo depois das fotografias, seguiu lentamente pelo corredor por quase 100 metros, até ver as cadeiras de rodas. Centenas delas. Enfileiradas e em prateleiras. Fileiras e fileiras de cadeiras de rodas niqueladas e reluzentes. Logo depois das cadeiras havia camas – de casal, de solteiro, king e queen size. Em seguida, bicicletas de todos os tipos e cores.

Depois das bicicletas, documentos de algum tipo. David olhou com mais atenção. Eram títulos de propriedade de carros. Os papéis em prateleiras cobriam uma área equivalente a 10 casas e, como tudo o mais naquele lugar, estavam empilhados a perder de vista.

Depois dos títulos havia sapatos de todos os tipos, cada par em um cubículo separado. Estantes repletas de sapatinhos de bebê, de sapatos sociais masculinos e femininos, de galochas e tênis. Centenas de milhares, talvez milhões de sapatos, David não sabia ao certo.

Onde estou?, pensou ele. *Que lugar é este, e por que este monte de coisas?*

Continuou a andar, e encontrou outros corredores, todos sem fim. Viu jeans, medicamentos e retratos de lares. Havia aquecedores e certidões de casamento, telhas e comida. No caminho, passou por uma área cheia de dinheiro empilhado. Notas de todos os tipos de moedas. David colocou a mão na cintura, franziu os lábios e expeliu todo o ar dos pulmões.

– Isso não faz o menor sentido – disse em voz alta. Prosseguindo, voltou ao início, consciente de que não tinha chegado nem perto de ver tudo. Enquanto olhava ao redor, uma fotografia veio caindo de algum lugar no alto. Pousou no chão, perto de onde ele estava. Ao pegá-la, algo lhe chamou a atenção.

Era uma foto colorida de duas crianças, um menino e uma menina, os dois com seis ou sete anos de idade. Eram obviamente irmãos, mas guardavam uma semelhança incrível com sua filha Jenny. Olhos azuis como os dela – e os de Ellen – e o cabelo louro com a mesma onda do lado esquerdo.

David balançou a cabeça, impressionado. Não conseguia desgrudar os olhos da fotografia.

Então, ouviu algo baixinho, como se fosse em alguma parte do seu subconsciente. Erguendo os olhos depressa, olhou para o corredor e vislumbrou um vulto andando em sua direção. A pessoa estava vindo de várias centenas de metros de distância, em um ritmo constante e tranqüilo. Quando se aproximou da área das camas e bicicletas, David pôde ver que era um homem. Um homem enorme. David tinha quase 1,90m, mas aquele homem era bem mais alto.

David recuou para a esquerda, sentindo-se um pouco mais seguro perto das pilhas de fotos. Viu que o homem tinha cabelos encaracolados louros, quase dourados, relativamente curtos. Uma túnica caía sobre os seus ombros e ia até os joelhos. Era branca, ou talvez translúcida. Na verdade, aquele homem, que naquele momento estava a menos de 15 metros de distância, parecia estar vestido com o que David só podia descrever como uma névoa de luz.

Ao chegar mais perto, o homem o cumprimentou com um sorriso e parou para ajeitar uma cadeira de rodas à sua direita. Ao fazer isso, deixou David boquiaberto. O homem tinha asas.

Elas eram do branco mais puro e ficavam perto das omoplatas. Quando o homem se agachou para ajeitar a cadeira de rodas, David viu que elas cobriam toda a extensão do corpo, as pontas quase batendo no chão. Quando ele voltou a ficar ereto, as asas se dobraram junto às costas.

Vencendo rapidamente a distância que os separava, o homem parou e disse:

– Olá, David Ponder. Eu sou Gabriel.

Ele era altíssimo e tinha o corpo de um guerreiro. Embora bastante musculoso, era de certa forma delicado e nem um pouco ameaçador. Tinha o nariz longo e reto, os lábios carnudos e a pele do rosto era lisa e imberbe. Mas foram os olhos que chamaram a atenção de David. Eram do mais brilhante azul que ele já vira e pareciam salpicados com flocos de ouro.

David ficou boquiaberto.

– Você é um anjo – finalmente conseguiu dizer.

– Um arcanjo, na verdade. – Gabriel sorriu, revelando dentes brancos e perfeitos. – Há uma diferença.

– Desculpe-me, eu... é... eu realmente não... sabia que havia uma diferença – gaguejou David.

– Não tem importância, David Ponder – respondeu Gabriel. – É uma honra conhecê-lo.

Indicando a fotografia que David ainda segurava, disse:

– Posso?

– Oh... claro!

Gabriel olhou para a fotografia por um instante e mostrou-a novamente para David.

– Lindas crianças, não? – David assentiu e observou Gabriel colocá-la na cesta de fotos avulsas.

– Então, eu *estou* morto? – deixou escapar David.

Gabriel franziu a testa, parecendo confuso.

– Perdão?

– Se estou com você, então devo estar no céu. E, se estou no céu, devo estar morto.

Gabriel riu.

– Não, você não está morto. Esta é apenas uma breve escala, talvez a mais importante, da sua viagem. Este é o único destino que todos os viajantes têm em comum.

– Já houve muitos viajantes? – perguntou David.

– Relativamente poucos – respondeu Gabriel –, levando-se em conta o início do tempo como você o conhece e a quantidade de pessoas que passaram por mim. Porém, para os que são escolhidos para esta viagem, a compreensão da verdadeira missão que lhes cabe começa aqui, neste lugar. Joana d'Arc, George Washington e Martin Luther King Jr., todos deram um passo em direção ao destino a partir de onde você está agora.

– Que é onde, exatamente? – David fez um gesto abrangente com as mãos. – Que lugar é este?

Gabriel ergueu um dedo.

– Ainda não – disse. – Primeiro, vamos dar um passeio juntos.

Afastando-se lentamente da direção em que tinha vindo, Gabriel conduziu David por entre ventiladores de teto e aparelhos de ar-condicionado, pneus e cobertores, relógios e fotos de animais. Assim como acontecera com as fotos de crianças, David viu prateleiras, arquivos e pilhas de fotos dos mais diversos animais, alguns que nem conseguiu reconhecer.

Ao se aproximar de uma área imensa com monstruosos rolos de tapete empilhados com esmero, Gabriel parou, deu meia-volta e perguntou:

– Você se considera um homem de fé, David Ponder?

David franziu o cenho. Momentaneamente confuso, disse:

– Não entendi bem a pergunta.

Gabriel ergueu as sobrancelhas.

– É uma pergunta simples, na verdade. Você se considera um homem de fé? A fé guia seus atos e suas emoções? Todos os seres humanos são impulsionados pela fé ou pelo medo… ou por um ou pelo outro, pois os dois são a mesma coisa. Fé e medo são a expectativa de algo que ainda não aconteceu, ou a crença em algo que não pode ser visto nem tocado. A pessoa que teme sempre vive à beira da loucura. Mas a pessoa que tem fé é perpetuamente recompensada.

– Recompensada? – falou David, confuso.

Voltando a andar, Gabriel respondeu:

– Ter fé significa acreditar em algo que não se pode ver. A recompensa da fé é ver aquilo em que se crê. Você se considera um homem de fé, David Ponder?

– Para ser sincero – respondeu David –, sempre me considerei um homem racional.

Gabriel dobrou à direita, conduzindo o convidado por um largo corredor.

– A razão nunca dá espaço para milagres. A fé gera milagres. E, em última análise, a fé é um melhor guia do que a razão. A razão possui limites, a fé é ilimitada. O único limite para as nossas realizações de amanhã são nossas dúvidas de hoje.

– É realista trabalhar e viver esperando milagres? – perguntou David.

Gabriel riu.

– Você é muito divertido, David Ponder – disse. – O que significa a palavra *realista?* Nós não a usamos aqui.

David parou.

– Você *deve* estar brincando, não é mesmo?

– Sim – disse Gabriel, ainda sorrindo. – Estou. Mas o fato é que raramente grandes líderes ou grandes empreendedores são considerados realistas. De alguma forma, muitas vezes os outros acham estranhas as pessoas de sucesso, pois elas tocam a vida ignorando expectativas e emoções negativas. Por isso realizam inúmeros grandes feitos, um depois do outro, sem nunca terem ouvido falar do que não pode ser realizado. É exatamente por isso que jamais devemos dizer a um jovem que algo é impossível.

A atenção de David desviou-se por um instante de Gabriel. Enquanto andavam, iam passando por mais e mais corredores abarrotados de tijolos, arroz, computadores, cadeiras de balanço e enormes quantidades de itens aparentemente sem nenhuma ligação uns com os outros. Mas, de repente, apareceu algo novo, uma área de cerca de 10 metros quadrados com um pequeno pedestal no meio. À medida que se aproximava, David viu que sobre o pedestal havia uma pequena pilha de papéis.

A luz atraíra a atenção de David. O pedestal, destacado de qualquer outro objeto naquele lugar, também contrastava com o brilho suave que parecia permear as demais prateleiras. Uma luz brilhante incidia sobre os papéis no pedestal. Atravessando lentamente o espaço vazio, David olhou para cima e à sua volta em busca da fonte da luz.

– Ei, de onde está vindo essa luz? – perguntou. Gabriel apenas sorriu. Percebendo que não teria resposta, David se aproximou mais. – Posso tocar isso?

– Certamente – respondeu Gabriel.

Havia 40 ou 50 folhas de papel, algumas obviamente mais novas, outras amareladas pelo tempo. Na primeira havia uma complicada equação matemática; na segunda, também. A terceira e outras mais mostravam esquemas multidimensionais de diferentes máquinas de alguma espécie. Folheando rapidamente, David viu páginas com equações químicas, algumas que pareciam receitas culinárias e uma folha amarela e amarrotada que tinha apenas uma palavra no centro. David reconheceu a palavra que vira nas aulas de biologia muitos anos atrás: era o nome em latim de um tipo de planta.

Segurando os papéis na mão esquerda, David se virou para Gabriel e disse:

– Não entendo. O que são essas folhas?

– Uma delas – disse Gabriel, aproximando-se de David –, acho que a 18ª que você olhou, é a cura para o câncer de pâncreas, fígado ou cólon.

David encarou Gabriel.

– O quê?

– Isso mesmo – prosseguiu Gabriel. – Em uma dessas páginas também está o projeto de um aparelho que regenera o nervo óptico, permitindo que mesmo os cegos de nascença voltem a enxergar. Uma variação desse mesmo aparelho, que se encontra esquematizada na página seguinte, regenera o tecido espinhal. Você está segurando curas e vacinas para distrofia muscular, paralisia cerebral e, acredite se quiser, para o resfriado comum. A página 26 traz a cura para a síndrome da morte súbita infantil, e a página 14 talvez lhe interesse, pois é uma fórmula líquida que deve ser pincelada na garganta de uma criança. Ela encolhe e remove as amígdalas de forma indolor em menos de seis horas.

David estava abismado. Mal conseguindo entender a explicação de Gabriel, folheou lentamente as folhas mais uma vez.

– Mas eu não... – começou a falar e se interrompeu. – Eu devo levar isso?

– Não – disse Gabriel.

Ruborizando de raiva e perplexidade, David explodiu:

– Mas, então, qual é o motivo? Quero dizer, por que...? – Ele não conseguia encontrar as palavras. Lágrimas de exaustão subiram-lhe aos olhos. Envergonhado e arrasado, David colocou os papéis no pedestal e ignorou a falha na sua voz quando continuou, alto demais:

– O que está acontecendo? Todas essas coisas... essas curas... minha filha precisa retirar as amígdalas. Você sabia disso?

– Sim.

Por vários segundos, David olhou boquiaberto para o arcanjo. Então os cantos da sua boca se curvaram e lágrimas desceram pelo seu rosto enquanto ele tentava desesperadamente recuperar alguma compreensão. Finalmente, gritou:

– Você sabe que eu não posso pagar a operação?

– Sim.

A frustração de toda uma vida pareceu irromper da alma de David naquele exato instante. Um grito de agonia escapou de sua garganta enquanto seu corpo se acocorava. Com o braço esquerdo apoiado no joelho e o punho direito no chão, David chorou com amargura. Chorou por Ellen e Jenny. Sentia falta delas. Será que as veria novamente? Merecia vê-las novamente? Chorou pelas pessoas que decepcionara na vida – os pais, os amigos, os colegas de trabalho – e chorou por si mesmo.

Alguns minutos depois, David sentou-se no chão e apoiou o queixo nos joelhos. Mais calmo, tentou recuperar o fôlego e secou o rosto com a manga da camisa.

Gabriel não se mexera. Em seu rosto havia compaixão, mas ele não ofereceu conforto físico nem se mostrou muito solidário.

David ergueu o rosto para o arcanjo e perguntou:

– Por que estou aqui?

Gabriel estendeu uma das mãos para ajudar David a se levantar. Aceitando-a, David ficou de pé e ajeitou as calças.

Gabriel sorriu.

– Por que acha que está aqui?

– Não sei – falou David, fungando ruidosamente.

– Então não é hora de você saber – disse Gabriel. – Venha.

Continuaram a andar para além do pedestal. David o olhou uma última vez. Instantaneamente, voltou a perceber a incrível quantidade de inúmeros objetos. Alguns eram comuns. Outros, nem tanto.

– O que é isso? – perguntou David, apontando uma máquina no caminho.

– Este equipamento – respondeu Gabriel – torna qualquer objeto à prova de colisão. O projeto é uma combinação das tecnologias laser e de ondas sonoras que funcionam em qualquer veículo, desde automóveis até jumbos.

David passou a mão pelos cabelos.

– Se você não quer me responder que lugar é este e o que estou fazendo aqui, então me permita fazer uma pergunta diferente.

Gabriel assentiu.

– Por que todas essas coisas se encontram aqui?

Passando a mão sobre um dos vários aspiradores de pó pelos quais estavam passando, Gabriel pareceu imerso em pensamentos.

– Qual a razão das diferentes reações das pessoas, David Ponder – falou o arcanjo –, quando estão desesperadas? Por que umas se suicidam enquanto outras caminham em direção à grandeza?

– Isso não responde à minha pergunta – respondeu David –, mas não tenho certeza. Nunca pensei nisso.

Gabriel virou-se, ainda andando, com uma expressão levemente divertida no rosto.

– Pense agora – limitou-se a dizer.

David deu de ombros.

– Não sei. Talvez seja só pela diferença de circunstâncias.

– As circunstâncias dominam o fraco – disse Gabriel –, mas são as armas do sábio. Você será dobrado e derrotado por qualquer situação que enfrentar? – David franziu as sobrancelhas. Sorrindo, Gabriel insistiu: – Esta é uma pergunta, David Ponder. As suas emoções e decisões são controladas pelas circunstâncias?

– Não, não são – respondeu David com firmeza.

– Exatamente – assentiu Gabriel. – As circunstâncias não têm poder algum. Elas são lições diárias que devem ser estudadas e acumuladas para obtermos novos conhecimentos e sabedoria. A aplicação do conhecimento e da sabedoria irá gerar um amanhã melhor. Uma pessoa deprimida passa muito tempo pensando em como as coisas estão no presente e pouco tempo pensando em como gostaria que elas fossem.

David caminhou pensativo por um minuto, depois indicou com o braço uma área repleta de colchões.

– Então, por que todas essas coisas estão aqui?

Gabriel olhou para seu confuso pupilo por um instante e falou:

– Circunstâncias.

David suspirou alto. Gabriel riu e disse:

– Siga-me, David Ponder.

David seguiu o arcanjo por um corredor com fileiras de telefones de um lado e tábuas do outro. Pouco depois estavam de volta ao ponto de partida de David, a área com as fotografias de crianças.

– Já vi tudo? – perguntou David.

– Você viu apenas uma pequena fração deste lugar – respondeu Gabriel. – Mesmo que andasse por aqui uma vida inteira não veria tudo. E, infelizmente, a cada dia ele fica maior.

David parou perto da cesta de fotografias avulsas. Enfiando a mão nela, retirou a foto que Gabriel colocara lá dentro mais cedo – a que retratava as duas crianças que achara tão familiares.

– O nome do menino é Jason – disse Gabriel baixinho. – A menina chama-se Julia.

David franziu a testa. Ainda olhando para a foto, comentou:

– Sempre gostei desses nomes. O nome do meu avô era Jason. Na verdade, se Jenny tivesse sido um menino, Ellen e eu lhe daríamos o nome de Jason. Sempre falamos que chamaríamos nossa segunda filha de Julia. Queríamos muitos filhos, mas nunca pudemos arcar... – Uma onda fria de náusea tomou conta de David. Baixando a fotografia lentamente, ele agarrou a lateral da cesta com a mão livre para manter o equilíbrio. – Mas você já sabe, não é?

– Sim, eu sei – respondeu Gabriel.

– Por que isso está acontecendo comigo?

Gabriel apertou os olhos.

– Explique-se melhor, por favor.

– Por que estou vendo isso agora?

– O viajante goza de permissão especial para ganhar maior sabedoria e compreensão.

– Não compreendo.

– É óbvio que não.

David respirou fundo.

– Deveria compreender?

– Tudo vai ficar claro.

Virando-se para encarar Gabriel, David perguntou:

– Que lugar é este?

Flexionando as asas às costas, Gabriel aproximou-se um passo de David e puxou os braços dele para si, como se desse as boas-vindas a um convidado de honra.

– Este, meu amigo, é o lugar das coisas que nunca aconteceram.

David mal conseguia respirar enquanto o arcanjo tirava a fotografia de suas mãos. Brandindo-a, Gabriel falou:

– Este é o lugar em que guardamos todas as coisas que estavam prestes a ser entregues quando alguém parou de batalhar ou pedir por elas. Os objetos deste depósito estão repletos dos sonhos e metas dos menos corajosos.

David ficou horrorizado. Virou-se boquiaberto, lançando olhares para diante e para trás no corredor, vendo os casacos e sapatos, as bicicletas e cobertores, e lembrando-se do pedestal. Seus olhos pousaram novamente sobre a fotografia na mão de Gabriel. Estendendo o braço, perguntou:

– Posso ficar com ela?

– Sinto muito – disse o arcanjo, colocando a fotografia de volta no cesto. – Jason e Julia não existem. O tempo da chegada deles passou. A oportunidade se perdeu. Não existem segundas chances.

Quase imediatamente, David dobrou os joelhos e baixou o corpo até o solo. Achando que não conseguiria se levantar, permaneceu aos pés de Gabriel. Não gritou nem chorou. Não tinha mais lágrimas. Sentia-se exaurido, quase incapaz até mesmo de respirar.

Pelo que pareceu uma hora ou mais, David ficou sentado no chão, tentando reordenar as idéias. Gabriel permaneceu imóvel o tempo todo. Finalmente, David ergueu os olhos e perguntou com voz fraca:

– O que devo aprender aqui?

Gabriel sorriu e sentou-se no chão ao lado de David.

– Você deve saber – ele começou a falar – que no jogo da vida a coisa menos importante é o placar na metade da partida. Na vida, a tragédia não está no que perdemos, mas no que quase ganhamos.

David balançou a cabeça lentamente.

– Por que desistimos? Por que *eu* desisto? Por que desanimo? Por que adio tudo na minha vida?

Gabriel respondeu de imediato:

– Como humano, você adia as coisas e desanima porque lhe falta compreensão. Desiste porque lhe falta fé.

– Compreensão de quê?

– Para começar, você não compreende que adiamentos constantes não levam o homem à grandeza. Adiamentos não fortalecem ninguém. Adiamentos não oferecem lições de vida. O desânimo não torna as coisas mais fáceis. Nem leva a pessoa ao seu destino. A maioria dos homens desanima quando a situação fica difícil. A maioria desacelera quando o caminho parece traiçoeiro. No entanto, esses são os momentos em que você deveria sentir o apelo irresistível do futuro – a força pulsante e irrefreável do destino correndo por suas veias. Tempos de calamidade e sofrimento sempre produziram os maiores homens. O aço mais forte é produzido pelo fogo mais quente; a estrela mais brilhante rompe a noite mais escura.

Por um instante, David ficou em silêncio. Parecia imerso em pensamentos. Então, como se tivesse ignorado as palavras do arcanjo, falou:

– Gabriel, você também disse que me faltava fé.

– Eu disse que falta fé aos que desistem.

– Você se referia...

– Eu me referia à sua raça. À raça humana. Com poucas exceções, falta a vocês a fé que gera a grandeza. – Gabriel suspirou. – Nem sempre foi assim. A sua civilização já foi cheia de vida, vibrante, produtiva e gloriosa. Agora, olhe para vocês: um bando de rebeldes errantes e questionadores à beira da extinção.

– O quê? – exclamou David como se não conseguisse acreditar no que ouvia. – Estamos vivendo a era mais avançada que o planeta já presenciou!

Gabriel balançou a cabeça com tristeza.

– Você não tem mesmo memória ou conhecimento da sua história. Quando me sento com nosso Pai e observo os movimentos da sua civilização através do tempo, fico abismado com a arrogância que vejo nas pessoas. Várias vezes, pedi permissão para ensinar-lhes uma lição, mas até o momento a paciência Dele tem se mostrado muito maior do que a minha. O fato de você considerar sua civilização tão avançada me faz rir. Já houve na Terra uma cultura de tal forma evoluída que faz vocês parecerem crianças tolas. A matemática, a metalurgia, a engenharia e a arquitetura dos homens dessa cultura iam muito além das que você hoje reverencia. Eram pessoas de grande conhecimento, sabedoria e fé.

– E por que nunca ouvimos falar desse povo? – perguntou David incrédulo.

– Porque a maioria dos seus cientistas trabalha dentro de um parâmetro de tempo curto demais – disse Gabriel. – Alguns, no entanto, começam a vislumbrar essa sociedade que precedeu os astecas e os incas em mais de 30 mil anos.

– E que provas há disso?

Gabriel riu.

– Não muitas, a esta altura. Para ser sincero, vocês estão distantes demais daquele povo em termos de capacidade. Só agora a sua civilização está começando a reconhecer as poucas pistas que ainda sobraram da existência dele.

– Que pistas?

Gabriel fez uma pequena pausa e falou:

– Os engenheiros dos templos de Cuenca que ainda estão de pé no lugar que vocês chamam de América do Sul usaram pedras retangulares que pesam mais de 100 toneladas cada uma. Os construtores de Balbek, no Líbano, assentaram pedras angulares do tamanho de prédios de cinco andares. Cada uma pesa mais de 600 toneladas. Em ambos os lugares, e em muitos outros que eu poderia acrescentar à lista, os blocos de andesita foram extraídos e juntados tão perfeitamente que nunca precisaram de argamassa. Só para cortar pedras nessas medidas, os engenheiros de hoje precisam de uma serra guiada a laser com ponta de diamante. Ainda assim, não conseguem reproduzir as mesmas dimensões. Você se lembra das estátuas em Abu Simbel, no Egito? Elas têm 36 metros de altura, 42 de largura e pesam 33 toneladas. Quando uma força-tarefa internacional composta pelos maiores engenheiros da sua civilização reuniu-se para salvá-las antes do término da grande represa de Assuan, foi decidido que a única maneira de mover as estátuas seria cortá-las em pequenas partes e depois remontá-las em um terreno mais alto. No entanto, os construtores originais extraíram a pedra de um local a quilômetros de distância e a transportaram em um só bloco.

Gabriel continuou:

– O conhecimento que esses povos tinham de astronomia também excedia em muito seus níveis atuais. Eles sabiam que a abóbada celeste é fixa, que o Sol, a Lua e os planetas giram. Sabiam a circunferência exata da Terra e a representaram em sistemas de medida espalhados ao redor do mundo. Os matemáticos e engenheiros de agora constataram isso nas construções remanescentes na América do Sul e na Europa, pois os números foram incorporados à arquitetura deles. E as equações são perfeitas. Somente quando o Sputnik deu a volta na Terra em 1957 vocês conseguiram obter esses valores matemáticos exatos. É claro que a verdade não precisa de provas. – Gabriel sorriu. – Mas, como você estava curioso, talvez isso possa lhe dar algo para pensar.

Por um instante, David ficou paralisado. Era quase incapaz de compreender a charada histórica que Gabriel revelara. Não tinha dúvida, no entanto, de que era verdade.

– E por que eles não estão mais aqui? – finalmente perguntou. – Por que essa civilização desapareceu?

– Pelos mesmos motivos que ameaçam a sua – disse Gabriel com cautela. – Arrogância, ingratidão e perda da fé. O seu povo alcançou a beira do mesmo precipício em um tempo surpreendentemente curto.

– Existe alguma maneira de voltarmos atrás?

– É claro que sim – disse Gabriel. – E é exatamente por isso que você está aqui. – Gabriel se levantou e ajudou David a fazer o mesmo. Enfiando a mão nas dobras da túnica, o arcanjo retirou um pequeno pergaminho. Colocando-o sobre as mãos abertas, estendeu-o para David e falou:

– Esta decisão é a última parte do todo. Pegue-a.

Quando David pegou o pergaminho, Gabriel franziu o cenho.

– Não sei por que você foi escolhido para receber esta grande honra, David Ponder, pois sou apenas um mensageiro. – Fez uma pausa e inspirou fundo. – Você é o último viajante. Não haverá outro. Recebeu uma dádiva que tem o poder de mudar sua civilização. A partir de agora, tudo recairá sobre seus ombros. Você estudará uma decisão por vez, cada uma durante 21 dias, lendo-a em voz alta duas vezes por dia. Primeiro ao acordar e outra vez pouco antes de dormir. Não deixe de fazê-lo um só dia. Cada decisão se tornará parte do seu ser, entranhada no seu coração, capturada em sua alma. Você compartilhará a dádiva das decisões com outras pessoas. Aquelas que absorverem e aplicarem essa sabedoria se elevarão à grandeza e inspirarão as demais a galgarem as mesmas alturas. As que ignorarem o poder desses pergaminhos talvez pareçam gozar de prosperidade por algum tempo, mas não se engane. Suas vidas serão feitas de breves ilusões e, quando a hora delas chegar, serão acorrentadas ao Espelho do Arrependimento. Lá passarão a eternidade examinando um reflexo das pessoas que poderiam ter sido.

Gabriel pegou o rosto de David entre as mãos.

– Você tem tudo de que precisa, David Ponder. Sabe que não se encontra sozinho. Está sendo guiado. Jamais terá motivo para perder a fé. O futuro, como você o escolher, é seu. O seu futuro *será* como você o escolher. Nosso Criador lhe concedeu o extraordinário poder da sabedoria contida nas Sete Decisões. Mas Ele também lhe concedeu o livre-arbítrio. Caso você escolha não cultivar essa sabedoria na sua vida, caso escolha ignorar esse poder, o futuro estará perdido para sempre.

David segurou ambas as mãos de Gabriel e disse:

– Obrigado. Utilizarei essa dádiva da melhor forma possível.

Gabriel sorriu e se afastou até o meio do corredor.

– Sim, David Ponder – disse ele. – Acredito que você o fará.

E, com essas palavras, estendeu as asas acima da cabeça. Erguendo os braços, puxou-as rapidamente para os lados do corpo. Num piscar de olhos, em uma estrondosa lufada de vento, voou para o alto e sumiu de vista. David correu até o corredor e ergueu os olhos, mas ainda não conseguia ver teto algum... e nenhum sinal do arcanjo.

Por alguns instantes, David ficou parado, observando e refletindo. Depois, lentamente, começou a caminhar com determinação. Entrando na área do pedestal, David olhou ao redor mais uma vez, como se quisesse memorizar aquele lugar e o que ele significava. Então sentou-se no chão onde havia pouco sentira tanta dor. Desenrolou o pergaminho de Gabriel e leu.

A SÉTIMA DECISÃO PARA O SUCESSO

Persistirei, haja o que houver

Ciente de que já realizei mudanças na minha vida que durarão para sempre, hoje encaixo a última peça do quebra-cabeça. Possuo o maior poder já concedido à humanidade: o poder da escolha. Hoje, escolho persistir, haja o que houver. Deixarei de viver nos domínios da distração, em que minha atenção é levada de um lado para outro, como uma folha em um dia de tempestade. Sei o que desejo. Agarro-me aos meus sonhos. Mantenho-me no meu caminho. Não desisto.

Persistirei, haja o que houver. Continuarei apesar do cansaço.

Sei que a maioria das pessoas desiste quando o cansaço se instala. Não sou "a maioria das pessoas". Sou mais forte do que a maior parte delas. Pessoas medianas aceitam o cansaço como algo natural. Comparam-se a outras pessoas. É por isso que são medianas. Eu me comparo ao meu potencial. Não sou mediano. Vejo a exaustão como um precursor da vitória.

Por quanto tempo uma criança precisa tentar andar antes de conseguir? Não tenho mais força do que uma criança? Mais conhecimento? Mais desejo? Por quanto tempo devo lutar pelo sucesso antes de alcançá-lo de fato? Uma criança jamais faria essa pergunta, pois a resposta não tem importância. Se eu persistir, haja o que houver, meu resultado – meu sucesso – estará garantido.

Persistirei, haja o que houver. Eu me concentrarei nos resultados.

Para alcançar os resultados que desejo, não preciso necessariamente gostar do processo. A única coisa importante é *dar continuidade* a ele, com os olhos voltados para o resultado. Um atleta não gosta da dor do treinamento; ele gosta dos resultados que alcança por haver treinado. Um jovem falcão é empurrado do ninho; apavorado, ele rola penhasco abaixo. A dor de aprender a voar pode não ser uma experiência agradável, mas a angústia do aprendizado é logo esquecida quando o falcão alça vôo para os céus.

Um marinheiro que observa, temeroso, os mares tempestuosos açoitarem seu navio sempre escolherá mal sua rota. Porém, um capitão sábio e experiente manterá os olhos fixos no farol. Ele sabe que, se guiar o navio em linha reta até um ponto específico, o período de desconforto será menor. E, mantendo os olhos na luz, não perderá a coragem nem por um segundo. Minha luz, meu porto seguro, meu futuro, está ao alcance da vista.

Persistirei, haja o que houver. Sou uma pessoa de grande fé.

Em Jeremias, meu Criador declara: "Pois eu sei os planos que projeto para vós; planos de paz, e não de mal, para vos dar um futuro e uma esperança." De hoje em diante, tenho fé na certeza do meu futuro. Passei muito tempo da vida duvidando das minhas crenças e acreditando nas minhas dúvidas. Basta! Tenho fé no meu futuro. Não olho para a esquerda nem para a direita. Olho para a frente. Só posso persistir.

Para mim, a fé sempre foi melhor guia do que a razão, pois a razão possui limites, mas a fé é ilimitada. Esperarei milagres na minha vida, pois a fé os produz diariamente. Acreditarei no futuro que não posso ver. Isso é fé. E a recompensa da fé é ver o futuro em que acreditei.

Continuarei apesar do cansaço. Vou me concentrar nos resultados. Sou uma pessoa de grande fé.

Persistirei, haja o que houver.

Dez

David inspirou fundo e expirou ruidosamente. Enrolou cuidadosamente o pergaminho, deixando-o compacto. Então, levantando-se, pescou a bolsinha de tabaco do bolso externo do jeans. Por um instante, parou e correu os dedos pelo tecido macio do presente improvisado de Chamberlain.

Tocou os dois botões dourados que fechavam a bolsinha e admirou o esmero com que uma águia tinha sido gravada em ambos. Com a unha do indicador, David percorreu o bordado das espadas cruzadas na borda. *O símbolo de um lutador*, pensou. *É isso o que eu sou. Não sou um covarde. Sou um lutador*. David sorriu de repente.

– Persistirei, haja o que houver – disse em voz alta.

Sem demora, desabotoou a bolsinha e enfiou o pequeno pergaminho de Gabriel dentro dela. Ele se aninhou ao lado das palavras de um rei e sob a carta de um explorador. Em um piscar de olhos, David viu os papéis timbrados e amarrotados de dois presidentes; estavam juntos, como se arquivados cuidadosamente no fundo, ao lado de um papel rasgado, escrito com o próprio punho de um guerreiro. Espremendo o conteúdo e fechando a bolsinha, David notou que em cima de tudo aquilo havia quatro páginas arrancadas do diário de uma garotinha.

– Obrigado – murmurou, colocando a bolsinha de volta no bolso do jeans.

Sua cabeça estava repleta de pensamentos sobre as pessoas que encontrara. Então, David parou. Consciente da existência de algo maior, fechou os olhos e repetiu:

– Obrigado, *Senhor*.

❦

Ao abrir os olhos, David se viu de pé em um grande estacionamento. Sorriu e quase gargalhou diante da sua falta de assombro. Ainda não sabia onde estava, mas notou com curiosidade que não sentia medo nem sequer insegurança. Olhando em volta, ele se perguntou se alguma coisa na vida ainda lhe causaria espanto.

Estava muito frio e era obviamente noite, embora a forte iluminação fizesse parecer que era dia claro. O enorme estacionamento, repleto de carros, ficava ao redor de um grande estádio de aço e vidro a várias centenas de metros de distância. Sentindo-se estranhamente atraído pela construção, David andou na direção dela.

De repente, seu coração pôs-se a bater mais forte, pois à sua esquerda estava a Reunion Tower e, além dela, o Magnolia Building com seu cavalo alado vermelho no topo. Eram prédios familiares.

À direita, destacando-se dos outros, ele viu o "Alegre Gigante Verde", nome que Jenny dera ao prédio do National Bank uma semana depois de as luzes verdes fluorescentes terem sido instaladas em toda a extensão da fachada. O edifício fora, durante anos, o prédio mais alto de Dallas. David estava em casa.

Estou de volta, pensou enquanto apertava o passo. Porém, algo lhe parecia errado. Continuando a andar em direção ao estádio, olhou mais uma vez para o Alegre Gigante Verde. A menos de um quilômetro e meio à frente dele e um pouco para o leste havia outro arranha-céu ainda mais alto que David não reconheceu. Era uma bela torre branca de granito, iluminada de cima a baixo.

David parou e se virou lentamente. Examinou o horizonte ao norte e olhou de volta para o leste, o sul e o oeste. Havia outros prédios novos além daquele. Franzindo o cenho, colocou as mãos nos quadris e pensou: *O quê? Dallas cresceu da noite para o dia?* Examinando os carros estacionados, espantou-se. Reconhecia as marcas, mas os modelos eram diferentes; mais cintilantes, talvez? Um novo tipo de pintura?

Virou-se novamente, dessa vez contando 11 prédios que certamente não estavam lá quando... David entortou a cabeça, ergueu as sobrancelhas e sorriu.

– Estou no futuro – falou para si mesmo, e voltou a andar em direção ao estádio. Soltou um longo suspiro e balançou a cabeça. – Isso vai ser muito interessante.

Aproximando-se do enorme prédio, David atravessou uma fila de táxis e subiu em uma calçada larga. Algumas pessoas bem-vestidas e evidentemente atrasadas passavam às pressas pelas catracas. David revirou os bolsos, sabendo que não tinha dinheiro, mas pensando que talvez uma entrada poderia aparecer por mágica. *Coisas estranhas têm acontecido*, disse para si mesmo.

Tudo bem, pensou David enquanto ficava parado olhando para o estádio, *não tenho entrada, não tenho dinheiro, estou morrendo de frio. E agora?* Imaginando que talvez houvesse uma entrada reservada em seu nome, aproximou-se da bilheteria à direita do portão mais próximo e falou com a mulher atrás do vidro.

– Com licença – disse.

Ela não lhe deu a menor atenção. David tentou novamente.

– Com licença, senhora.

A mulher ergueu os olhos. Quando ia falar, David notou que ela estava sorrindo para o homem atrás dele.

– Posso ajudá-lo? – ela perguntou ao homem, enquanto David desviava para o lado. Observando os dois interagirem, pensou: *Então, também sou invisível no futuro.*

Andando devagar, David deu outra volta no estádio. Escutou várias vezes, vindas lá de dentro, ovações estrondosas. Parou por um instante em uma pequena entrada lateral poucos metros à sua frente.

Um homenzinho magro apareceu. Sem sombra de dúvida, um faxineiro, pois usava um macacão e carregava uma vassoura. Encostando-a no muro de concreto do prédio, o homem tirou um cachimbo de dentro do bolso. Quando acendeu um fósforo, David pôde ver melhor seu rosto. *Velho*, pensou.

David caminhou em direção ao homem. O velho ergueu os olhos e acenou, levantando o cachimbo.

– Boa noite – disse ele. – Tudo bem?

– Tudo, e com o senhor? – respondeu automaticamente David. Então, empolgando-se de repente, parou. – Ei! O senhor consegue me ver?

– Bem, consigo. Estou vendo você – disse o homem, um pouco confuso. Colocou o cachimbo de volta na boca. – Ainda não estou cego, filho. Só porque... – David se aproximou e, pela primeira vez, o velho conseguiu dar uma boa olhada no rosto dele. – Minha nossa! – exclamou. O cachimbo caiu da sua boca e retiniu na calçada. David se abaixou e o apanhou. – Não sabia que o senhor era... – gaguejou o homem. – Perdão, senhor.

David ficou curioso com a reação do velho.

– Senhor – disse o homem –, se me permite perguntar, está aqui apenas para ver como estão indo as coisas? Tem um monte de gente aí dentro que é muito grata ao senhor. Minha mulher não vai acreditar! Posso apertar sua mão, Sr. Ponder? Meu nome é Jack Miller.

Apertando a mão do faxineiro, David perguntou:

– Você sabe quem eu sou?

– Não se preocupe – disse Jack em tom de conspiração, olhando para os dois lados. – Eu entendo... e não vou contar a ninguém. Eu também iria querer entrar para ver, se todos estivessem falando de mim! Eu não reconheci o senhor de cara. Ora, com o cabelo pintado desse jeito, o senhor está parecido com uma de suas fotos antigas. Ei

– ele se interrompeu, subitamente preocupado –, não tem problema o senhor andar assim sozinho?

David abriu um pequeno sorriso, com as sobrancelhas erguidas. Estava tentando compreender a situação.

– Vou ficar bem – disse. – Por falar nisso, posso entrar por essa porta?

Jack sorriu.

– Ora, imagino que sim. Foi o senhor quem construiu este prédio. Pode entrar pela porta que quiser! Siga-me.

Com essas palavras, o velho entrou, fazendo um gesto para que David o seguisse.

Atravessaram um pequeno corredor e seguiram até um grande túnel que parecia circundar o subsolo do estádio. David tentava compreender o que tinha, ou *teria*, a ver com aquele lugar imenso. Caminhando pelo túnel, Jack acenou diversas vezes para diferentes grupos de funcionários. Eles acenavam, meneavam a cabeça ou o chamavam pelo nome.

– O seu disfarce está funcionando que é uma beleza – sussurrou Jack para David. – Ninguém reconhece o senhor.

Bem, pensou David, esforçando-se para segurar o riso. *Não me reconhecem porque não estão me vendo. Mas você, acenando para todo mundo e falando sozinho, deve ser uma figura e tanto!*

– Ei – disse Jack, parando de andar. – Esqueci de perguntar. Para onde o senhor quer ir? Devo levá-lo para o seu camarote VIP?

David balançou a cabeça. Aquilo já era demais.

– Gostaria de andar um pouco sozinho. Posso?

Jack olhou para David como se ele tivesse enlouquecido.

– Tem certeza? – perguntou. – Posso acompanhá-lo, se o senhor quiser.

– Não, não há necessidade. Mas agradeço a oferta. E, por sinal – acrescentou David, estendendo a mão –, foi uma honra conhecê-lo.

– Rá! – riu Jack, apertando a mão de David vigorosamente. – Uma honra me conhecer. Tenho que contar essa para a minha mulher.

David deixou o velho e continuou andando pelo túnel. Logo em seguida, chegou a uma rampa lateral que o introduziu no nível principal do estádio. David ficou espantado com o enorme número de pessoas. Só nas arquibancadas inferiores devia haver quatro mil.

Entrando no imenso espaço iluminado, David notou vários telões gigantes pendurados no teto reproduzindo as imagens do evento. Tentou calcular o número de pessoas que lotavam totalmente o estádio. Era impossível.

De repente, o barulho quase ensurdecedor das ovações parou e um silêncio impressionante se instalou. David percebeu que a atenção de todas as pessoas no estádio estava concentrada no palco.

Comparado com a magnitude do que o cercava, o palco era relativamente simples e se encontrava na beira do nível principal, de frente para a primeira arquibancada. O efeito geral era de um anfiteatro.

A atenção de David se voltou para o centro da plataforma, atrás do pódio de vidro. Como os olhos dos milhares de pessoas da platéia, os seus se cravaram no homem que falava.

David notou que o orador era um homem de aproximadamente 1,90m, magro, o cabelo negro contrastando com o luxuoso terno cinza-claro. Aparentava uns 45 anos e tinha uma beleza rude – de certa forma arrebatadora. E estava chorando.

David olhou com atenção para o homem, depois ergueu os olhos para a tela, procurando confirmar em close o que lhe parecia estar vendo. Não havia dúvida, lágrimas desciam pelo rosto do homem enquanto ele falava:

– Foi há apenas seis anos. Estávamos sem dinheiro e sem esperanças. Mesmo com a minha filha de nove anos no hospital, em estado crítico, eu trabalhava 24 horas por dia, mas financeiramente isso não era suficiente. Já não tínhamos mais seguro-saúde e, ao que parecia, nenhuma ajuda. Enquanto seguia para casa na minha lata-velha naquela noite, eu não conseguia parar de olhar para a foto da minha garotinha, pousada no assento ao meu lado. Comecei a deixar a mente divagar sobre a possibilidade de ajudar minha família a sacar o único seguro que restava, o seguro da minha vida.

David mal conseguia respirar enquanto ouvia, petrificado, a história daquele homem, tão parecida com a sua.

– Com o dinheiro do seguro para pagar as contas e recomeçar – disse o homem, com os cantos da boca tremendo e a voz falhando um pouco, pensei que talvez um dia minha mulher pudesse encontrar um novo marido, e minha filha, um novo pai. Um homem que não as decepcionasse. Pensei que dessa forma poderia dar à minha família a vida que ela merecia. Parei no acostamento e, enquanto estava sentado lá, sozinho, pensando, peguei a foto da minha filha e olhei-a quase com desespero. Imaginei os tubos entrando e saindo do seu corpo, fechei os olhos e pude ouvir o respirador forçando o ar para dentro dos seus pulmões. E, de repente, senti vergonha. Senti vergonha por ter pensado em abandoná-la, por ter pensado em desistir. Sim, senti vergonha. Mas também me senti forte novamente, pois sabia que aquele era o momento da minha vida em que a Primeira Decisão se aplicava perfeitamente. Olhei para minha filha, sangue do meu sangue, pensei na minha responsabilidade, e afirmei: "Sou totalmente responsável pela sua vida. Se você consegue lutar com tanto afinco por ela, então, com certeza, eu consigo lutar com o mesmo afinco pelo seu futuro!"

David ficou tão abalado com a referência às Sete Decisões, e tão envolvido pelas coisas que aquele homem despejava do fundo do coração, que levou um susto com a súbita e estrondosa ovação. A multidão se levantou e bateu palmas, celebrando a honestidade e a coragem do homem, enquanto ele ficava parado, aguardando, encabulado, que os aplausos parassem, com lágrimas descendo pelo rosto.

O silêncio voltou e a platéia tornou a sentar-se em seus lugares. David viu uma cadeira vazia no corredor, a menos de 15 fileiras do palco. Andando depressa, foi até lá. Sentou-se e ergueu os olhos para o pódio enquanto o orador prosseguia.

– Na verdade, era uma escolha simples. Uma escolha feita em um momento difícil. Mas agora, é claro, nossas vidas foram transformadas, financeira, emocional e espiritualmente, transformadas em todos os aspectos. Minha família foi libertada. Vejam bem, não era suficiente que eu possuísse as Sete Decisões Para o Sucesso, ou mesmo que compreendesse o que significavam. Foi no momento em que decidi integrá-las à minha vida que o futuro da minha família foi garantido por gerações a fio.

O homem fez uma pausa para beber água. Secou os olhos com um lenço e dirigiu-se para o lado. Descansando o ombro sobre o pódio, gesticulou com a mão direita:

– Agora, pensem comigo. É verdade que a maioria de nós possui uma visão bastante limitada do mundo, da história da humanidade e da nossa própria capacidade de influenciar qualquer coisa que esteja além do que nos cerca. Em termos de história pessoal e de herança, tendemos a restringir nossa preocupação a apenas três... alguns de nós a quatro... gerações. A imensa maioria das pessoas não sabe nem ao menos o nome dos seus bisavós. Há alguns anos, David Ponder concedeu ao mundo a dádiva da *possibilidade* de sucesso para todos. Nossa presença aqui esta noite é a prova de que essa dádiva deu frutos. Porém, estou aqui para desafiá-los a assumir um futuro que está muito além dos nossos pensamentos e atos de agora. Chega um momento na vida de cada pessoa em que é preciso tomar uma decisão. E o efeito dessa decisão, se você decide tomá-la, atingirá gerações que ainda não nasceram. Existe uma linha tênue que parte de cada um de vocês, ligando-os a centenas de milhares de vidas. O seu exemplo, as suas ações e, sim, até mesmo uma decisão sua podem literalmente mudar o mundo. Deixe-me repetir isso. Uma decisão que cada um de *vocês* toma pode literalmente mudar o mundo.

Depois dessa última afirmação, o palestrante olhou curioso para a platéia durante vários segundos. Então, voltou para trás do pódio e bebeu mais um pouco d'água. Recolocando o copo no lugar, lançou os olhos para a multidão e sorriu.

– Sabem – recomeçou a falar –, é uma coisa espantosa sentir que milhares de pessoas duvidam do que você diz! – O sorriso se abriu mais um pouco, e a multidão respondeu com uma calorosa risada. – Muito bem, vou tentar de novo! Uma decisão que cada um de *vocês* toma pode literalmente mudar o mundo.

Com essas palavras, o homem andou até a beira do palco e começou a contar animadamente uma história. David observou fascinado o orador percorrer cada centímetro da plataforma, cativando a platéia à sua frente, às suas costas e no topo do estádio. Embora a história que ele contou tivesse acontecido havia mais de um século, era absolutamente precisa nos detalhes. David sabia disso porque estivera lá.

– Dois de julho, 1863. Era um dia quente e úmido, e um professor do Maine lutava a batalha da sua vida. Seu nome era Joshua Lawrence Chamberlain, ex-professor de retórica da Faculdade de Bowdoin, naquele momento um coronel de 34 anos do Exército da União. O local? Gettysburg, Pensilvânia.

Então, o palestrante descreveu a situação perigosíssima que as tropas de Chamberlain enfrentaram naquele dia ao tentarem defender sua posição contra os homens do general Lee. Contou como, após cinco violentos ataques dos rebeldes, Chamberlain percebeu que suas tropas não conseguiriam mais contê-los.

O palestrante explicou:

– Mais da metade dos combatentes estava morta, e muitos dos soldados restantes, feridos. A desvantagem era de mais de cinco homens para um, e o último embate tinha se dado em ambos os lados do muro, face a face. Chamberlain não sabia como seus homens haviam conseguido empurrar os rebeldes de volta para o sopé da colina. Alguns deles, escreveu ele mais tarde, usaram os próprios punhos para atacar o inimigo. Analisando rapidamente a situação, ficou claro que restavam menos de duas balas por homem. Para todos os efeitos, o 20º Regimento do Maine estava sem munição.

Olhando para o sopé da colina e vendo os inimigos se prepararem para o ataque final, os próprios oficiais de Chamberlain, diante do que parecia ser uma derrota e morte certas, o aconselharam a bater em retirada. "Eles estão em maior número e não temos mais com o que lutar. É inútil! É inútil!", exclamavam os homens. Joshua Chamberlain ficou em silêncio por um instante. "Lá vêm eles, senhor", repetia um sargento insistentemente. Chamberlain não respondeu. Estava calculando o preço de resistir, de permanecer onde estava. Concluiu que, se batesse em retirada, o preço seria o mesmo. "Joshua!" Quem falava era seu irmão, o tenente Tom. "Joshua!", gritou. "Dê uma ordem!"

O palestrante continuou:

– E foi o que Chamberlain fez. Ele sabia que não tinha vindo à Terra para fracassar. Tinha consciência de que o fracasso é o único resultado possível para uma vida que se acomoda. *Seguimos adiante ou morremos!*, pensou. "Preparem as baionetas!", vociferou. Seus homens olharam para ele como se Chamberlain estivesse louco. "O que, senhor?", exclamou o sargento, e por um instante todos ficaram apenas parados, olhando. "Lá vêm eles!", alguém avisou. "Eu disse: preparem as baionetas!", voltou a gritar Chamberlain. "E ataquem!" Enquanto os homens se apressavam com as baionetas, sacou sua espada e pulou para cima do muro. Com o inimigo a menos de 50 metros de distância, apontou a arma na direção deles e bradou: "Atacar! Atacar!" E os soldados do 20º Regimento do Maine, o orgulho do Exército do Potomac, saltaram o muro e seguiram um professor para entrarem na História!

Após uma pausa, o palestrante continuou:

– Ao verem o líder da oposição subir no muro, as tropas confederadas pararam imediatamente, sem saber ao certo o que estava acontecendo. Porém, quando Chamberlain apontou a espada na direção deles e mandou seus homens atacarem, os rebeldes literalmente deram as costas e correram. Muitos largaram as armas carregadas no chão. Tinham certeza de que aqueles não eram os mesmos soldados que haviam enfrentado antes. Imaginaram que tivessem recebido grandes reforços. Na cabeça dos rebeldes não havia *a mais ínfima possibilidade* de que um regimento derrotado fosse capaz de atacar. Em menos de 10 minutos, sob o comando de Chamberlain, o grupo de homens em frangalhos, desprovidos de qualquer munição, capturou o 50º e o 57º Regimentos do Alabama inteiros – mais de 400 homens. Obviamente, isso tudo só aconteceu porque um homem decidiu atacar. E uma decisão que cada um de *vocês* toma pode literalmente mudar o mundo.

A platéia ficou de pé aos brados, aplaudindo e saudando a verdade da última afirmação do orador. *A história de Joshua Chamberlain os entusiasmou, o que é mais do que justo*, pensou David. Tinha sido um acontecimento incrível na história da nação, e, como ele bem sabia, o palestrante fora fiel aos detalhes.

Quando os aplausos cessaram, David notou que o orador continuava no palco. Cruzara os braços e apoiava os dois cotovelos no pódio. Com um pequeno sorriso no rosto, parecia esperar pacientemente. Depois que a última pessoa sentou e o estádio voltou a ficar silencioso, o sorriso se alargou.

– Vocês acharam que eu tinha acabado, não acharam?

David riu, como todo mundo.

– Vejam bem – recomeçou o homem –, eu poderia fingir que não sei o que vocês estão pensando. Mas eu *sei!* – acrescentou com uma risada. Andou até o outro lado do palco. – Vocês estão pensando o seguinte: *Tudo bem. Adorei a história, mas você está me dizendo que eu posso mudar o mundo? Conte outra!* Vocês talvez também digam: *Mas Joshua Chamberlain* só *mudou o resultado de uma pequena parte de uma batalha!* Ah, é? Prestem atenção no que vou dizer. Todos sabem que na época da Batalha de Gettysburg, o Norte – a União – estava perdendo feio. As tropas confederadas haviam tomado o Forte Sumter e derrotado o Exército da União em Manassas. Os homens de Lee conquistaram vitórias importantes em Richmond, na Batalha dos Sete Dias, e novamente em Manassas, na Segunda Batalha de Bull Run. O Sul derrotara as divisões do general Hooker em Chancellorsville e esmagara o general Burnside em Frederickburg. O professor do Maine ganhou a Medalha de Honra do Congresso americano por causa de sua decisão em Little Round Top. Seus oficiais testemunharam que as ações desse único homem evitaram que o Exército da União fosse destruído – esse único homem mudou o rumo da batalha. Joshua Lawrence Chamberlain mudou o rumo da guerra. Vocês compreendem o que isso significa? Se o Sul tivesse vencido a guerra, a América que nós conhecemos hoje não existiria. Haveria pelo menos dois, possivelmente três países no lugar dela. O mundo não teria um país grande e poderoso o suficiente para suprir as demais nações do planeta. Não haveria uma superpotência para defender as sociedades mais fracas contra aqueles que restringem as liberdades. Porém, porque um homem comum tomou a decisão de seguir adiante, o mundo em que vivemos hoje é muito diferente. Quando Hitler arrasou a Europa, quando Hirohito invadiu sistematicamente as ilhas do Pacífico, havia os Estados *Unidos* da América para enfrentá-los. E estávamos lá por causa de um simples professor acuado. Um homem que naquele dia quente de julho temia pela própria vida. Um homem cuja única opção parecia ser bater em retirada. Senhoras e senhores, o mundo tal como existe hoje é, em grande parte, resultado de uma decisão de atacar, uma decisão tomada por um professor há mais de 100 anos! *Jamais* pensem que não podem mudar as coisas! Vocês podem! Vocês podem! Uma decisão que cada um de *vocês* pode tomar é capaz de mudar o mundo!

Mais uma vez o estádio se ergueu. David estava boquiaberto. Enquanto aplaudia, não conseguia esquecer a incrível série de acontecimentos desencadeados por um único homem. *Que fim levou Chamberlain?*, ele se perguntou. Quando a multidão se calou e voltou a sentar, o orador continuou, e David descobriu.

– As pessoas sempre acompanham quem diz "Sigam-me". Ao assumir a liderança, a pessoa passa a *merecê-la*. Ao conduzir os outros ao sucesso e à vida com que eles sonham, a vida que você busca e merece lhe será concedida. Joshua Chamberlain tomou uma decisão que mudou o mundo, sim, mas que também gerou recompensas pessoais. Ele liderou campanhas vencedoras até o fim da guerra. Recebeu do nosso governo menção honrosa quatro vezes por bravura em combate e foi promovido a general-de-brigada por heroísmo em Petersburg. Poucos meses depois foi promovido a general-de-divisão, por heroísmo em Five Forks. Dentre todos os oficiais da União, o presidente Abraham Lincoln escolheu Chamberlain para ter a honra de aceitar a rendição dos confederados em Appomattox. Lá, ele surpreendeu o mundo com uma demonstração de perdão e respeito, quando mandou suas tropas prestarem continência em saudação ao general Robert E. Lee e ao Sul derrotado. De volta ao Maine, Chamberlain foi eleito governador com a maior votação, até hoje, da história do estado. Foi reeleito três vezes, até finalmente abandonar o poder e aceitar o cargo de reitor da Faculdade de Bowdoin. A propósito, um benefício interessante que a decisão de atacar traz para uma pessoa, e que tem sido um tanto ignorado pelos estudiosos e historiadores, é a presença da sebe de espinhos. Mencionada pela primeira vez na Bíblia, a sebe de espinhos é a proteção divina concedida às pessoas destinadas a cumprir uma missão especial. Enquanto não realizar a missão para a qual foi criado, você não será, não poderá ser ferido. Naquela colina na Pensilvânia, Joshua Chamberlain estava protegido por uma sebe de espinhos.

O palestrante enfiou a mão dentro do bolso do paletó e retirou uma folha de papel. Erguendo-a para que todos a vissem, disse:

– Tenho aqui a cópia de uma carta endereçada ao Excelentíssimo Governador Joshua L. Chamberlain. Ela chegou à Assembléia Legislativa vários anos depois da guerra.

Desdobrou a folha, estendeu-a em cima do pódio e leu:

– "Prezado senhor: Gostaria de lhe contar um pequeno fato ocorrido na Batalha de Round Top, Gettysburg, envolvendo nós dois, e que hoje me dá muita satisfação. Duas vezes durante aquela luta, sua vida esteve em minhas mãos. Escondi-me em um lugar seguro entre duas pedras e coloquei o senhor bem na minha mira. Reconheci seu posto pelo uniforme e por suas ações e pensei que seria ótimo tirá-lo do caminho. O senhor estava totalmente exposto. Apoiei minha arma na pedra e mirei firme. Comecei a puxar o gatilho, mas uma sensação estranha me fez parar. Então, tive vergonha da minha fraqueza e repeti os mesmos movimentos. Era um tiro certo. Mas a mesma sensação estranha me invadiu completamente. Não consegui puxar o gatilho e desisti de tirar sua vida. Hoje, fico feliz por isso, como espero que o senhor também fique. Cordialmente, um membro do 50º Regimento do Alabama."

Lentamente, o orador dobrou o papel, enquanto a platéia se emocionava. Ele o colocou de volta no bolso e andou até a ponta do palco. David sentiu o homem olhar diretamente para ele enquanto dizia com brandura:

– Você também, neste exato momento, está vivendo sob a proteção de uma sebe de espinhos. Talvez venha a sentir medo, mas saiba que ele é uma ilusão. Até realizar a missão para a qual foi criado, você não será, não poderá ser ferido.

Então, ergueu os braços para a platéia em um gesto abrangente.

– Meus amigos, tudo se resume nisso. A sua história, as suas circunstâncias, o seu momento talvez não sejam tão dramáticos quanto os de Joshua Chamberlain, mas o que está em jogo é exatamente o mesmo. Chega um momento na vida de cada pessoa em que é preciso tomar uma decisão. E o efeito dessa decisão, caso você decida tomá-la, atingirá gerações que ainda nem mesmo nasceram. Existe uma linha tênue que parte de cada um de vocês, ligando-os a centenas de milhares de vidas. O seu exemplo, as suas ações e, sim, até mesmo uma única decisão podem literalmente mudar o mundo.

Uma decisão... de atacar. – Fez uma pausa. – Então, vá em frente. Mude sua vida. Mude o futuro da sua família. Mude o mundo. Mude. – A platéia prendeu a respiração. O homem alto prendeu-os com o olhar. Em voz mais suave, disse: – Ataque. – Outra pausa, e então um sussurro: – Ataque.

Pelo que pareceu uma eternidade, mas na realidade foram poucos segundos, ninguém se moveu. Então, numa explosão de sons súbita e ensurdecedora, milhares de pessoas se levantaram em uníssono não só aclamando aquele homem que trouxera uma mensagem de esperança e orientação como celebrando o futuro que os aguardava. Os aplausos fizeram o palestrante, que David observara desaparecer no túnel de entrada, voltar ao palco. David sorriu ao ver as sobrancelhas do homem se erguerem em aparente surpresa diante da intensidade da ovação. Ele acenou mais uma vez, virando-se em todas as direções, e partiu rapidamente.

Houve alguns breves anúncios através do sistema de som, mas a noite parecia ter chegado ao fim. David ficou parado enquanto filas de homens e mulheres saíam. Olhou com atenção para seus rostos e viu determinação, lágrimas de compreensão e alívio. Uma paz que apenas a certeza pode trazer.

Em menos de 30 minutos, o estádio estava vazio. Depois de uma última olhada, David entrou no túnel, encontrou uma saída e embrenhou-se na noite fria.

Andando sem destino, David observou as lanternas traseiras dos carros que manobravam para deixar o estacionamento. Olhou novamente para o perfil da cidade, tão familiar e ao mesmo tempo tão diferente. Enquanto caminhava, David se deu conta de que não tinha a menor idéia do que fazer em seguida. *Será que devo encontrar alguém?*, perguntou-se. *Procurar alguma coisa? Ir a algum lugar?*

Sem nenhum motivo consciente, David entrou no estacionamento. O ar noturno estava límpido e, apesar do frio, ele se sentia bem fisicamente. *Na verdade*, pensou, *nunca me senti melhor*. Olhou em volta do grande espaço vazio; asfalto negro e linhas brancas que pareciam intermináveis.

Já fazia bem mais de uma hora que o evento terminara e todos os carros tinham ido embora – exceto um que se encontrava a uns 50 metros de distância. David balançou a cabeça e andou diretamente em direção a ele. Era muito familiar. Pequeno, quase todo de um prateado gasto, exceto pelo pára-lama esquerdo, que era preto. Seu Dodge Colt de duas portas.

– Você está aí! – falou David em voz alta ao se aproximar. – E aposto que o aquecedor e as luzes do freio *ainda* não funcionam.

O carro estava aberto, e as chaves, penduradas na ignição, o que não o surpreendeu. David entrou com esforço no pequeno carro, notando o blusão preto que jogara no banco de trás... quando? Naquela manhã? Melhor nem pensar naquilo, de tão confuso que era. Girou a chave e o motorzinho despertou ruidosamente. David passou a mão sobre o pára-brisa e, sim, lá estava seu relógio com a pulseira dourada barata em volta da carteira.

– Uau! – disse, e sorriu ao colocar o relógio no pulso e largar a carteira no banco do carona.

Então, para onde vamos?, pensou enquanto o carro seguia em marcha lenta, fazendo barulho. Olhando em volta, David viu que o belo arranha-céu branco que ele notara mais cedo estava perfeitamente enquadrado na janela traseira direita.

– Vamos lá – falou David baixinho.

Logo estava seguindo em direção à torre branca. Era fácil localizá-la. Afinal, era o prédio mais alto da cidade.

Quando chegou à última rua que conduzia à torre, David parou o carro. Leu, incrédulo, o nome escrito na placa da rua. Chegou mais perto, certificou-se do nome e deu a partida, entrando no David Ponder Bulevar.

Bem na frente dele estava o enorme prédio branco. Ao aproximar-se, David assombrou-se com uma majestosa fonte que jorrava água diante da entrada principal. Parou o carro no acostamento e desceu.

Depois de atravessar um imenso espaço pavimentado de mármore cinza, David chegou a uma série de cinco portas giratórias na entrada principal. Estavam trancadas. Indo para a direita, David colou o rosto no vidro e olhou para dentro, colocando as mãos em volta dos olhos para tampar a luz. Todo o primeiro piso parecia um lobby encimado por uma cúpula que ia até o quinto piso. Todo o espaço era decorado de forma luxuosa, sóbria e grandiosa. Seis elevadores de vidro esperavam no térreo os passageiros da manhã.

A peça central, no meio daquele espetacular primeiro piso, era uma queda-d'água que descia em cascata, por mais de 12 metros, de uma única pedra arredondada de granito. Ela caía em um lago que contornava a coluna do elevador e acabava ao pé de uma enorme mesa de recepção de pedra onde deviam trabalhar de seis a dez recepcionistas. As seguintes palavras estavam gravadas em frente à mesa: PONDER INTERNACIONAL.

David se afastou do vidro. Não estava exatamente surpreso. Excitado, sim, mas não surpreso. Assimilava aos poucos a realidade do seu futuro de sucesso. *Existe uma linha tênue que parte somente de você, ligando-o a centenas de milhares de vidas*, lembrou-se. *Bem*, pensou, *algumas dessas vidas estão trabalhando neste prédio.*

David voltou em direção ao carro, parando por um instante diante da fonte. Uma placa dizia: "As moedas jogadas nesta fonte serão revertidas para os Jardins Zoológicos Jenny Ponder, Cidade de Dallas." Sorriu e continuou andando.

Por um momento, David dirigiu a esmo pelas ruas quase vazias da cidade silenciosa. Ao se ver perto da auto-estrada, entrou nela quase sem pensar. Seguiu por mais de uma hora, sem rumo definido. De um elevado, viu o Hospital Pediátrico Ellen Ponder. Pegou uma saída e voltou para a cidade.

Passou pelo prédio vazio que um dia fora a loja de ferragens Marshall. Aparentemente estava fechado havia muitos anos. Como se estivesse no piloto automático, dirigiu até a rua onde morava e viu o nome "McClaim" escrito em sua velha caixa de correio. As árvores que ele e Jenny plantaram do lado da casa haviam crescido até o telhado.

Algum tempo depois, sem nenhum motivo em especial, David se encontrou novamente na estrada, saindo da cidade. Tinha consciência de que se tornara um homem muito diferente. Quando pegou a saída para Grayton, mal percebeu que já tinha estado ali antes. Sua mente girava com pensamentos sobre Truman e seus olhos azuis límpidos e penetrantes. Olhou para o velocímetro. Marcava 112 quilômetros por hora. Lembrou-se do trono de Salomão e sorriu. O rei tinha dito que era apenas uma cadeira!

Não havia outros veículos à vista. Os faróis do pequeno carro rasgavam a escuridão como canhões em um topo de colina na Pensilvânia. Pisou mais fundo no acelerador e viu a expressão de certeza no rosto de um capitão que fitava o horizonte. Cento e vinte oito... 136. Anne. Aquela menininha querida e doce. "Papai diz: 'O medo é um péssimo cinzel para se esculpir o amanhã.'"

À medida que voava pelas subidas e curvas, David se esqueceu da velocidade. *Eu falei com Abraham Lincoln*, pensou. *Ele falou comigo*. "O segredo do perdão não custa nada e vale milhões." A mente de David funcionava em um ritmo alucinante. "Você é o último viajante", disse o anjo. "Você recebeu uma dádiva que tem o poder de mudar sua civilização. A partir de agora, tudo recairá sobre seus ombros."

Naquele instante, o destino de David coincidiu com uma ponte congelada. A camada de gelo fez o carro perder a direção. Com os pneus cantando, o veículo ricocheteou no acostamento.

Curiosamente, David não tentou desesperadamente retomar o controle enquanto o carro derrapava de um lado para outro, dando por fim uma guinada para fora da estrada. Observou a cena se desenrolar como se fosse em câmara lenta. Queria se lembrar de tudo, especialmente quando o carro derrapou na direção de um pinheiro gigante. Em seu último momento de consciência, David agarrou o volante e fechou os olhos. Ouviu o palestrante no estádio dizer: "Até que tenha realizado a missão para que foi criado, você não será, não poderá ser ferido!"

E então... nada.

Onze

– Querido? David? – A visão de David estava embaçada enquanto ele tentava focalizar a pessoa à sua frente. – David, é Ellen. Está me ouvindo?

Uma voz de homem disse:

– Pode levar algum tempo, Sra. Ponder.

Todos pareciam muito distantes.

– Papai, eu te amo.

Jenny?

– David. É Ellen. Querido, estou aqui.

David sentiu a mão da mulher no seu rosto e sua visão foi clareando aos poucos. Conseguia ver a mão e o rosto de Ellen. Seu lindo rosto.

– Ellen – ele conseguiu falar com a voz rouca. *Ai, como dói minha cabeça!* – Ellen – repetiu, e tentou tocá-la.

– Estou aqui, meu bem – ela disse, empurrando os braços dele para baixo. – Por favor, não se mexa. – Lágrimas desciam pelo seu rosto. – David, você sofreu um acidente. Está em um hospital.

– Não chore – ele falou, tonto. – Vai ficar tudo bem. – Tentou sentar-se, mas Ellen gentilmente o forçou para trás.

– Sim, querido. Você vai ficar bem, mas sofreu uma pancada violenta. David, por favor, fique parado.

Sua visão e audição pareciam ir e vir, mais perto e mais longe, mais baixo e mais alto.

– Não – ele disse com esforço. – Não estou falando de mim. Estou falando de *nós*. Nós vamos ficar bem, a nossa família. Onde está Jenny?

– Ela está bem aqui.

– Estou aqui, papai – a menina aproximou-se da cama. – Eu te amo.

– Eu também te amo. Como vai a sua garganta?

– Doendo um pouco.

David ergueu o braço para tocar o cabelo sedoso da filha.

– Vamos dar um jeito na sua garganta, querida. Eu prometo. Ellen?

– Estou aqui, David. Estou bem aqui.

Ela ainda segurava a mão dele e não saíra do seu lado.

– Ellen, nós vamos ficar bem. Agora eu sei das coisas. Fui para lugares que...

E, subitamente, ele despertou. Em questão de segundos, a cabeça de David ficou clara e sua visão, mais aguçada. Olhou em volta e, vendo sua mulher, sua filha e um homem baixo com um jaleco branco, perguntou:

– Onde estou?

– Está em um hospital, querido – respondeu Ellen. – Você sofreu um acidente.

– Eu estou...?

– Vai se recuperar, Sr. Ponder. – O homem baixo deu um passo à frente. – Eu sou o Dr. Green. O senhor é um homem de muita sorte.

– Eu bati numa árvore.

– Sim, bateu – respondeu o médico. – E é um ótimo sinal a seu favor o fato de se lembrar disso. O senhor sofreu uma batida séria. Lembra-se de mais alguma coisa?

– Eu estava no estádio.

Ellen franziu as sobrancelhas.

– Não, querido. Você vinha do trabalho. David, o que estava fazendo tão longe da cidade?

O médico colocou uma das mãos no ombro dela.

– Sra. Ponder – interrompeu –, os pensamentos dele vão se misturar um pouco durante um tempo. Sonhos confusos. Conversas estranhas. – Ele sorriu para David e deu de ombros. – Deu uma bela pancada com a cabeça, mas, levando tudo em conta, posso dizer sinceramente que nunca vi nada parecido. O crânio não está fraturado. Os paramédicos que o trouxeram para cá disseram que o senhor foi jogado para fora do carro e, ainda assim, até agora não encontramos um só osso quebrado. Sim, senhor. Eu diria que é um homem de muita sorte.

Enquanto o médico continuava falando sobre o que deveriam esperar durante a recuperação, David observou a mulher e a filha. Apesar de saber que era um homem de sorte, uma estranha decepção se instalou nele como uma névoa. Tudo não passara de um sonho. Um sonho confuso, como o chamara o médico.

– ...e, é claro, não gostamos de apressar essas coisas – concluiu o doutor. – Então, por que não saímos um pouco e deixamos o seu pai descansar? – disse ele a Jenny.

– Vou levar Jenny para casa, querido – falou Ellen. – Mamãe e papai vieram ajudar e estão lá. Volto logo em seguida. – Beijou David com cuidado no rosto e virou-se para ir embora. – Eu te amo – acrescentou.

David viu que o médico já havia saído do quarto. Uma lágrima desceu pelo seu rosto.

– Também te amo, Ellen. Sinto muito por tudo isso.

Ela voltou para a beira da cama e se inclinou sobre o marido, olhando fundo nos olhos dele.

– David, você não tem que sentir muito por nada. Jenny e eu o amamos, confiamos em você e queremos que volte para casa. Você se lembra que me disse há alguns minutos que a nossa família ficaria bem? – Ela sorriu. – Tinha razão.

David ficou deitado sozinho no pequeno quarto do hospital. Escutou os passos se afastarem no corredor. *Um sonho*, pensou. E suspirou.

Não estava com sono. Seu corpo latejava e sua cabeça ainda doía, mas não estava com sono. Examinou o quarto. Havia uma pequena cama de acompanhante em um dos cantos. Teria Ellen dormido ali? Há quanto tempo estava naquele hospital? Viu uma televisão pendurada na parede à sua frente e uma porta que levava ao que ele imaginava ser o banheiro. Então, fixou o teto.

Tudo tinha parecido tão real. Ele tinha estado lá! Ele *sabia* que tinha estado em Potsdam. E também em Amsterdã, e com Colombo no *Santa Maria*. Não sofrera apenas um acidente de carro; havia sofrido dois! Mas David sabia que ninguém jamais acreditaria nele, nem tinha certeza se acreditava em si mesmo.

Seja como for, pensou, *a experiência em si não foi o mais importante. O que eu aprendi? Se tiver sido um sonho, as Sete Decisões para o Sucesso valem menos por causa disso?* Sorriu ao perceber que, concentrando-se um pouco, conseguia se lembrar das frases principais e da filosofia básica de cada princípio.

Sabendo que não os recordaria por muito tempo, David procurou uma caneta e um bloco de anotações na pequena mesa ao lado da cama. Sentou-se e escreveu:

1. A responsabilidade é toda minha. Sou responsável pelo meu passado e pelo meu futuro.
2. Buscarei a sabedoria. Eu me colocarei a serviço das outras pessoas.
3. Sou uma pessoa de ação. Aproveito o momento. Decido-me sem demora.
4. Tenho um coração decidido. Meu destino é certo.
5. Hoje, escolherei ser feliz. Sou dono de um espírito cheio de gratidão.
6. Saudarei o dia de hoje com o espírito de perdão. Começarei perdoando a mim mesmo.
7. Persistirei, haja o que houver. Sou uma pessoa de grande fé.

David releu o que havia escrito. Estava cansado. Voltaria a trabalhar naquilo depois. Colocou a caneta e o papel na mesa ao lado. Pretendia desenvolver cada decisão e memorizá-las, como Gabriel o mandara fazer. Respirou fundo, suspirou e se corrigiu. Como *tinha sonhado* que Gabriel o mandara fazer.

Não tem importância, pensou David enquanto fixava o teto. *Minha família vai ficar bem. Nosso futuro está assegurado. Vou garantir que sim.* A superfície granulada do teto refletia pontinhos de luz e isso fez David pensar em estrelas. Fechou os olhos. Talvez estivesse mesmo com sono.

Quando estava prestes a adormecer, David ouviu o barulho da porta se abrindo. Uma enfermeira entrou:

– Mil desculpas – disse ela. – Não quis acordá-lo.

– Sem problemas – falou David. – Eu não estava dormindo.

– Então continue descansando – disse a enfermeira gentilmente. – Vou deixar isso aqui e ir embora. – Foi em direção à cadeira com uma sacola de plástico preta.

– O que é isso? – perguntou David.

– Bens pessoais. Carteira, sapatos, tudo o que você estava usando quando sofreu o acidente. Acabaram de trazer da emergência.

– Você pode me dar a sacola? – pediu David. – Eu gostaria de colocar meu relógio.

Ela deixou a sacola ao lado de David e saiu do quarto.

Ele abriu-a e tirou os sapatos. Suas meias estavam enfiadas em um deles, e as cuecas, no outro. Alguém dobrara com capricho seu casaco e seu jeans. David jogou os sapatos e as roupas no chão.

A aliança de David caíra das roupas em cima do lençol branco. Ele a colocou, encontrou o relógio e afivelou a pulseira no pulso. Seu chaveiro também estava na sacola. E sua carteira. *Minha carteira não estava no banco do carona?*, David tentou se lembrar. *Bem, obrigado a alguém por tê-la tirado do carro*, pensou. Colocou-a sobre a mesa.

Ao erguer a sacola plástica para tirá-la da cama, David sentiu um leve peso. Percebendo que tinha esquecido uma coisa, parou e reabriu a sacola. A princípio, não viu nada. Mas então, preso em um canto, notou um pequeno objeto escuro, quase da cor da sacola.

Mal ousando respirar, David sentiu no peito o coração batendo acelerado enquanto passava a mão pelas dobras do plástico e retirava uma pequena bolsinha de tabaco. Seus olhos se encheram de lágrimas quando segurou-a contra a luz.

Era azul-marinho, feita de tecido forte, mas o desgaste que sofrera a deixara macia como uma bolsinha de algodão. Estava surrada e esfarrapada, mas ainda era bonita e, de certa forma, nobre – propriedade de um oficial. Os dois botões dourados que a fechavam eram de metal, com a imagem de uma águia gravada. E, logo acima deles, bordadas na aba, havia duas espadas cruzadas – o símbolo de um lutador.

Agradecimentos

Gostaria de agradecer a Polly, minha esposa e melhor amiga, pela paciência que teve durante as intermináveis conversas sobre este projeto; a David Brokaw, pelo apoio e confiança em mim; a Scott Jeffrey, pelas criativas estratégias de apresentação; a Mike Hyatt, Pamela Clements, Blythe McInstosh e à equipe da Thomas Nelson, que não só contrataram um livro como também compreenderam uma visão! Obrigado a Jenny Baumgartner, por seu talento como editora!

Agradecimentos especiais a Sandi Dorff, Isabel Garcia, Alex McCurley, Susie White, Paula Tebbe e Julie Platô – as pessoas que, ao ajudarem minha família, tornaram este livro possível. E, finalmente, um agradecimento muito especial a Danita Allen, que moldou a história e minhas palavras desde o começo.

Bibliografia

America's Civil War. Leesburg, VA: Primedia Enthusiast Publications History Group, janeiro de 1999.

Becker, Walt. *Link.* Nova York: William Morrow and Company, Inc., 1998.

Chamberlain, Joshua Lawrence. *Bayonet Forward, My Civil War Reminiscences.* Gettysburg, PA: Stan Clark Military Books, 1994.

__________. *Through Blood and Fire at Gettysburg.* Gettysburg, PA: Stan Clark Military Books, 1994.

Compton's Interactive Encyclopedia. Cambridge, MA: The Learning Company.

Desjardin, Thomas A. *Stand Firm Ye Boys From Maine.* Gettysburg, PA: Thomas Publications, 1995.

Dyson, John. *Westward with Columbus.* Nova York: Simon and Schuster, Inc. Nova York: 1991.

Encarta. Redmond, Washington: Microsoft Corporation, 1997.

Frank, Anne. *Diário de Anne Frank.* Rio de Janeiro: Record. 18ª edição, 2003.

Gies, Miep. *Anne Frank Remembered.* Nova York: Simon and Schuster, Inc., 1987.

Hobson, Alan. *One Step Beyond.* Banff Alberta Canada: Altitude Publishing, 1992.

Mason, John. *O bom é inimigo do ótimo.* São Paulo: Atos, 2004.

__________. *You're Born an Original, Don't Die a Copy.* Altamonte Springs, FL: Insight International, 1993.

McCullough, David. *Truman.* Nova York: Simon and Schuster, Inc., 1992.

Muller, Melissa. *Anne Frank, uma biografia.* Rio de Janeiro: Record, 2000.

Persico, Joseph E. *My Enemy, My Brother, Men and Days of Gettysburg.* Nova York: Macmillan Publishing Company, 1977.

Phillips, Donald T. *Lincoln on Leadership.* Nova York: Warner Books, 1992.

Pullen, John J. *The Twentieth Maine.* Dayton, OH: Morningside House, Inc., 1957.

Shaara, Michael. *The Killer Angels.* Nova York: The Ballantine Publishing Group, 1974.

The Living Bible. Wheaton, IL: Tyndale House Publishers, Inc., 1971.

Wills, Garry. *Lincoln at Gettysburg, The Words That Remade America.* Nova York: Touchstone, 1992.

World Book Encyclopedia. Chicago, IL: World Book, Inc., 1993.

Sobre o autor

Andy Andrews é comediante, escritor, palestrante motivacional, animador de eventos, celebridade televisiva e pescador profissional. Já se apresentou para quatro presidentes americanos e recebeu críticas elogiosas em vários eventos em toda a América do Norte.

Como escritor, criou a série campeã de vendas *Storms of Perfection*, que narra histórias de superação a partir das vidas de 250 pessoas de sucesso. Andy também é autor de *Tales from Sawyerton Springs*, uma coletânea de contos, e de uma série de livros infantis.

Segundo Andy, seu principal objetivo é transformar as vidas das pessoas de maneira positiva – e é exatamente isso que ele vem fazendo através de suas apresentações, gravações e livros.

INFORMAÇÕES SOBRE OS PRÓXIMOS LANÇAMENTOS

Para receber informações sobre os lançamentos da Editora Sextante, basta cadastrar-se diretamente no site www.sextante.com.br

Para saber mais sobre nossos títulos e autores, e enviar seus comentários sobre este livro, visite o nosso site www.sextante.com.br ou mande um e-mail para atendimento@esextante.com.br

Editora Sextante
Rua Voluntários da Pátria, 45 / 1.404 – Botafogo
Rio de Janeiro – RJ – 22270-000 – Brasil
Telefone (21) 2286-9944 – Fax (21) 2286-9244
E-mail: atendimento@esextante.com.br